图片来源：东方IC

马云

今天很残酷，明天更残酷，
后天很美好，但是绝大部分人死在明天晚上。

图片来源：东方IC

▶ 李彦宏

硅谷给予我最大的感触是，
希望通过技术改变世界，改变生活。

雷军　///　今天我吃亏了不要紧,
　　　　　　　因为明天也许就会有回报。
　　　　　　　不是每一件事情都要控制,不控制是最好的控制。

图片来源：东方IC

李连杰

每天付出一点点，改变了别人，
更改变了自己。

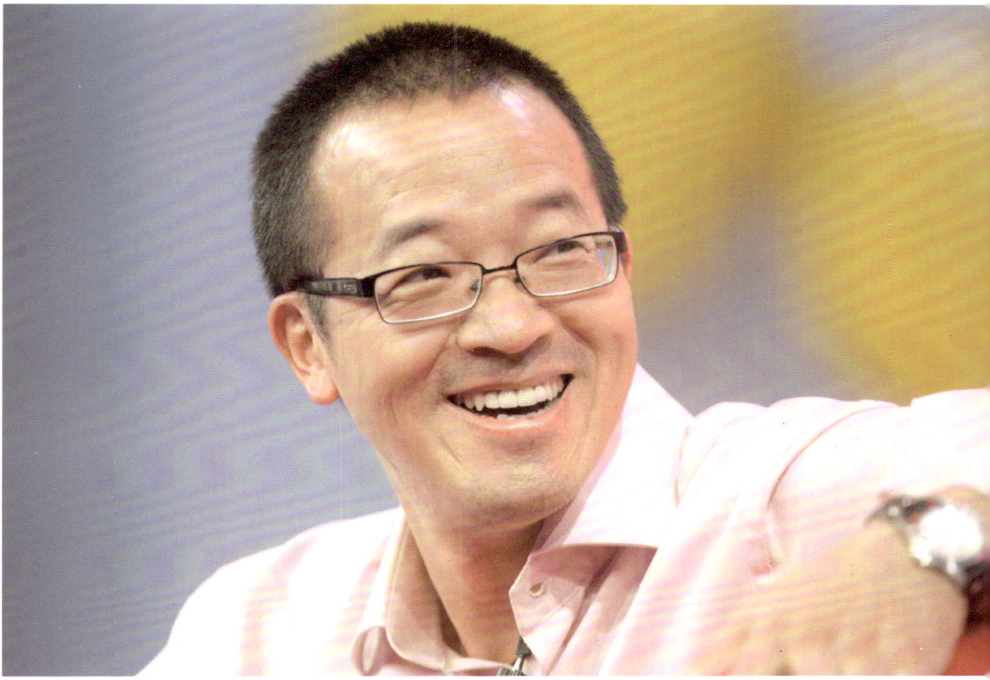

图片来源：东方IC

俞敏洪

只有知道如何停止的人
才知道如何加快速度。

周源

周源这种能不停观察、不停从每次观察里吸取结论，并不断完善自己思维架构的人，他的决策更令团队信任。

沈南鹏

如何练就顶级投资术,"相信直觉"这一难以量化的指标,被沈南鹏称为风险投资行业里"最迷人的地方"。

柳传志

> > > >

创新是一定要搞的,墨守成规就只有被淘汰。

巨人
转身 慢

《人物》杂志 著

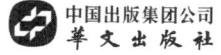

图书在版编目（CIP）数据

　　巨人转身慢 /《人物》杂志著. -- 北京：华文出版社，2018.2
　　ISBN 978-7-5075-4855-6

　　Ⅰ. ①巨… Ⅱ. ①人… Ⅲ. ①企业家-生平事迹-中国-现代 Ⅳ. ①K825.38

　　中国版本图书馆CIP数据核字(2018)第022444号

巨人转身慢

作　　者：	《人物》杂志
责任编辑：	杨艳丽　张超琪
出版发行：	华文出版社
地　　址：	北京市西城区广外大街 305 号 8 区 2 号楼
邮政编码：	100055
网　　址：	http://www.hwcbs.com.cn
电　　话：	发行部 010-58336202　编辑部 010-63426125
经　　销：	新华书店
印　　刷：	三河宏盛印务有限公司
开　　本：	787×1092　1/16
印　　张：	17
字　　数：	180 千字
版　　次：	2018 年 3 月第 1 版
印　　次：	2018 年 3 月北京第 1 次印刷
标准书号：	978-7-5075-4855-6
定　　价：	49.80 元

版权所有，侵权必究

目 录

序言　打开这本书，你会落入故事的长河

辑一
魄力
/
让自己
和自己的决定更重要

马云
一个可能伟大的中国商人 / 003

李彦宏
巨人转身慢 / 013

雷军
豹变 / 030

辑二
雄心
/
心怀梦想，何畏远方

李连杰
马云和我为什么要做一部关于太极的电影？ / 053

于冬
不下牌桌 / 066

商人罗振宇
随风而变 / 081

新东方三马车
真实合伙人 / 100

周航
一个对这个世界有自己主张的商人 / 120

辑三

视野

/

不忘初心，方得始终

侯小强
皈依 / 137

王坚
一个预言家的命运 / 151

冯仑
当你觉得很牛的时候，其实别人都在看你笑话 / 175

潘石屹、张欣
信仰知识　服务穷人 / 184

辑四

方向

/

**成功者是
比对手多做一下的人**

知乎周源
文火熬汤 / 193

吴欣鸿
只要你在社交平台上是美丽的 / 203

沈南鹏
坚持"价值投资"十年 / 218

柳传志
"教父"只做一件事 / 231

陈欧
高富帅的脸，不断奋进的心 / 242

序言

打开这本书,你会落入故事的长河

《人物》杂志呈现这个时代最扎实细密的故事。故事里的每个人身上都闪着时代的微光。我们致力于提供中文世界最好的人物报道,在每个故事里都穷尽了我们所能穷尽的一切。

抵达故事的过程从来都是艰苦的。没有一个故事不需要在别人的世界里跋山涉水,架路搭桥。《人物》用的是最笨也最有效的方式。

我们相信时间,相信只有足够的时间,才会在某个瞬间换来与对方的心意相通。在某个时刻,也许只是天光正好,也许只是被触动了心绪,他突然愿意开敞,讲述一个属于自己的故事。

所以我们会反复去纠缠,去索取,去忍受沉默和尴尬,去切割每一分每一秒,等待那个如同神启的时刻。那个时刻之后,我们才能在一个丰盈的故事里顺流而下。

我们信奉专业主义。坚持做一篇封面报道,至少做20人以上的有效周边采访。这也许刻板,但数字不仅仅是量化的标准,往往会是质变的依赖。人心是如此复杂反复,没有镜像和对照,没有那些劈头盖脸,大喝一声,把我们从迷雾里捞出来的外围,我们往往会扎在人性的迷宫里晕头转向。他们依靠多年的相处经验,或者只是依靠那天然的善于看透人心的能力,提供了极好的细节和维度。

怎么说呢?采访永远有暗流涌动,有峰回路转,有沮丧,有无奈,有狂喜,有丝丝入扣的真诚,也有坚如磐石的拒绝。险阻在此,魅力也在此。

这是一场人心的试探和搏斗,但后来都有了惺惺相惜的诚意。

结束长谈,是从采访对象的生命里做了一次退出。有了如此的亲密和共担,也只不过是握手道别,也许再也不见。但长谈的时光,在两个人的生命里都有了一次印记,是两个人私密不设防的高光时刻。

《人物》的采访永远是消耗性的、灭绝性的穷尽。当所有的采访完成,捆扎起来是打包一个人的人生重量。

当记者面对几十万字的录音,用word整理成一本书的模样。反反复复去阅读,却迟迟不敢下笔,那是对那份诚意和不设防的敬畏。

故事永远不只是故事,它身上携带着人性和时代的气息。如何把故事讲好,如何把这种气息笼罩其中,如何搭建故事的大厦,又呈现人性的曲折幽深。

这是永远没有尽头的工作。永远可以做得比现在发出来的稿子更好,如果能给我更多一点时间。永远有缺憾,又永远无法彻底弥补。这是一份充满诗意的工作。当你进入别人的人生,写出别人的故事,你也会在某个时刻有一个凝神。一个辽阔的生命,像是一个助力,让你看到生活的至高至远之处。

回到这本书,这是《人物》杂志萃取出来的精华。他们都是名人,都是在这个时代可以钉下一点印记的人。他们被书写过无数遍。没关系,这不重要。《人物》杂志的书写是不一样的。它不完美,但有着自己的生气勃勃和难以抵御。

相信我。每一篇都会有让你凝神的时刻,每一篇都会让你看到人性的真实、复杂和缺憾。每一篇都会让你看到细节的繁树生花,看到语言的精准锋利。总会有东西从你眼前跳出来,击中你。我们是一个传导器,人生的电流经过我们流向你。

愿你喜欢我们的传达。

《人物》主编　张寒
于2018年1月1日夜

辑一

PART 1

魄力

……

让自己和自己的决定更重要

马云

一个可能
伟大的中国商人

他改变了一代中国人的生活方式,
是最富有时代精神的中国首富;
他和以他为代表的阿里巴巴公司不但实现了
巨大的商业成功,
还试图用他们坚信的正确的价值观改变社会。

凭什么让众人尾随

马云先生到了。白衬衣外面套着红毛衣,深蓝色裤子下面穿着黑色布鞋,大刺刺地从一辆商务车上跳下来,贴着头皮的短发简单往两边分着,没有任何打理过的迹象,对于一个万众瞩目的商人来说,有些过于随意了。这是2014年11月11日的马云,这一天没有谁能比这个个子矮小、长相奇特的男人对中国经济施加更为深远的影响了。这个判断也许仍旧过于谨慎,这24个小时里,有来自217个国家和地区的人参与了"双十一"网上购物节,天猫全天成交金额571亿元人民币。这24个小时里有近3亿个物流包裹在地球上流动。

尽管在所有阿里巴巴总监级以上的公关部高层员工的日程表上,马云"双十一"这一天的日程安排精确到了分钟,但他从商务车里跳下来的时候,还是比原计划的9点50分晚了11分钟。等待的人群很焦急,这11分钟原本应该劈成两半,前5分钟给《人物》杂志拍摄封面,后5分钟是录制中央电视台《对话》栏目的准备时间。

出现在人群里的这一分钟,马云原本应该已经坐在录制现场了。前一分钟还在相互交谈的人群中没有一个人说话,马云往前走,人群安静地自发分开,从两边退到这个瘦小精干的男人身后。几天后央视《对话》节目播出,题目为"马云,凭什么让众人追随",这一天一众媒体和阿里巴巴高层一起追随马云的画面成为节目的开篇。

尽管跟随仰慕者亦步亦趋好像是再正常不过的现象,但市场对马云的追随毕竟是用真金白银投票的。从宣布开启上市进程,马云和阿里巴巴所做的只能是一遍又一遍地修改自己的招股说明书。《华尔街日报》以至少一周两篇的速度更新着对阿里巴巴上市进程的报道。彭博通讯社和CNBC也不甘人后,它们倚仗自己在华尔街的人脉,不断披露这家公司选择了哪些投资银行,在纽交所和纳斯达克之间更倾向于哪家,美国投资人如何看待这个中国电商巨头。而国内的媒体除了不断刷新包括《华尔街日报》和彭博通讯社的网页之外,也在一篇一篇地抛出自己的评论:关于假货、关于投资者的认可度、关于股东权利。

与不少早前股权所有者心中暗爽的心情相比,马云仍旧坚持说自己对钱没有兴趣,但这个习惯穿布鞋的中国商人带着他的阿里巴巴集团在纽交所创造了全球最大的IPO融资纪录;首日92.7美元的交易价格让它成为仅次于Google的全球第二大互联网公司,超越了电子商务的榜样级公司——亚马逊,更不要提早年曾让淘宝恐慌的巨头eBay;首日高于2300亿美元的市值更是超过了腾讯和百度市值的总和。此前媒体喜欢将这3个中国互联网公司巨头称为BAT,而现在,至少在市值上,其中一家已经领先了。这种领先还在扩大,2014年阿里巴巴的股价已经接近110美元,市值也在逼近3000亿美元。这个自称"连杭州首富都不想做"的男人,很快被《福布斯》宣布为中国首富——当然,即使是杭州首富也是个竞争激烈的头衔,居住在杭州的宗庆后曾数次被评选为中国首富。

马云的故乡——美丽的杭州

"别人眼中历史性的、激动人心的时刻,对他而言是耗费精力的差事。你看照片好像某一瞬间他还挺高兴,其实大多数时候他很疲惫,'双十一'也一样。"一位跟随马云见证其在纽交所上市全程的媒体主编说。

被众人簇拥着,再被推到一个众人仰慕的位置,这似乎已经由不得马云自己。接受《人物》封面拍摄这天,马云顺从地坐在摄影师特意准备的金属质感的座椅上,"我最近上火",马云似乎一语双关地说,眼皮疲惫地耷拉着,与这座杭州西溪湿地附近隈研吾设计的园区此时张灯结彩的热闹欢快有些违和。

交往过的媒体人都知道这个中国首富对人和善、没有架子。哪怕在这样疲惫和忙乱的时刻,马云也不忘向摄影师和助理点头用眼神示意。但一旦闪光灯亮起,他的眼神就恢复了光泽,神采奕奕。面对镜头或者对手,他习惯显露出精干强悍的一面,一如网上传阅率很高的他在世界互联网大会上坐在马化腾后排被拍到的照片,双目圆睁，眼神凌厉。

在同一个大会上，马云和一众互联网大佬同台，面对刘强东这个国内电子商务领域的跟跑对手，他公开表示阿里巴巴要培养更多的京东，并让他们挣钱。连与他相熟的媒体主编都没有想到他会表现得如此强悍，"觉得没道理非说到这个程度"。一位阿里巴巴集团的高管则以马云的性格来解释，他称马云为他"认识的最复杂的人"。当你佩服他的人生智慧时，他又从来不掩饰他"孩子气的那一面"——一个50岁的男人，体内却寄居着一个男孩对梦想的初心和坚持，以及对互联网和新鲜事物的无限好奇，或者像一个青年侠客，以"风清扬"为代号，对垄断权力和没有商业文明的对手带有天然的敌意。

虽千万人吾往矣

这个2014年最为春风得意的中国商人其实是在一片冷嘲热讽中开始他的新的一年的。

这一年的农历新年到得格外早，1月30日就已是除夕。这一天，大多数中国人会通过观看和吐槽央视春晚来打发时间。2014年春节联欢晚会的吸引人之处在于，央视将总导演的职务交给了导演冯小刚。马云作为冯小刚春晚创新的一部分出现在节目正式开始之前，他和包括陈道明、李雪健在内的知名人士一起受邀阐述自己眼中的春晚。接近零点时，他还在自己的来往中发了一段他吟唱的蒙古长调，他戏称为"马调"。来往是阿里巴巴推出的试图对抗腾讯微信的即时通信产品。他在2013年的10月份就高调地宣称，自己不会再用微信，而会选择来往作为替代。

他不会想到自己的好心情马上就要被破坏掉。

首先是针对冯小刚和央视春晚的批评之声开始出现在包括微博和微信朋友圈在内的社交网络上。马云在春晚时段的露面也被指责为是因为和冯小刚有千丝万缕的联系。按照网络上的言论，在这个超级黄金时段露面的价值无可估量，会为马云和阿里巴巴带来巨大的广告效应——当然，这种说法忽略了马云本身已经是这个国家最具知名度的人物之一。

接下来的这个冲击则要严重得多。"马调"歌罢，来往并未缩小与微信的差距，除夕夜反而成为腾讯向阿里巴巴进攻的关键时机，一款叫作"微信红包"的应用在微信用户中开始疯传。后来，腾讯财付通发布的数据说，从除夕开始，截至大年初一下午4点，参与抢微信红包的用户超过500万，总计抢红包7500万次。一个产品在一天内带来数百万用户已经很惊人，但在当时社交网络上流传的数字远比这个夸张，甚至有人称腾讯借助微信红包这个产品，一下子绑定了上亿用户的银行卡。这是微信支付崛起的迹象。它会在移动端对支付宝形成挑战。而支付宝虽然已被剥离出阿里巴巴集团成为一家独立公司的一部分，但仍是整个阿里巴巴集团电商体系的金融基石。

"也几乎一夜之间，各界都认为支付宝体系会被微信红包全面超越……尽情地激发着各种未来的畅想以及阿里会如何担心得睡不着觉……"马云后来在自己的来往中写道。他也赞扬了对手："确实厉害！此次春节'珍珠港偷袭'确实计划和执行得完美……幸好春节很快就会过去，后面的日子还很长，但确实让我们教训深刻。"

一位接近马云的人士向《人物》证实，马云当时虽未像传说中那样寝食难安，但仍有一种不同寻常的紧张感。他的反应是将在外面度春节假期的高管们提前召回杭州头脑风暴。为此几名在美国和家人一起度假的高管还租借了一架专机回国。

在几天的头脑风暴之后，马云很快打出了一张自己隐藏很久的牌——按照他的说法，阿里巴巴集团在5年前就已经大举投入云计算，但直到今天他才第一次在公开场合将其上升到战略高度，或许此前阿里电商的地位让他根本无需将这张牌公之于众。

虽然随着时间的推移，阿里巴巴在云计算方面的雄心以及所达到的成绩被更多人知道，但最初，被微信和微信红包在手机端炫目表现吸引的人，仍然难免会认为这是马云为阿里巴巴在移动端上的失败所做的辩护。

2014年3月18日，久未露面的马云在北大做了一次几乎无所不谈的演讲。他仍然雄辩滔滔，同时仍然无所畏惧。他公开谈论了腾讯和腾讯的微信，称自己也会"忌妒"。但是他语带讽刺地说，他原本认为腾讯会和阿里巴巴一样，去"摇晃"那些垄断性行业中的垄断性公司，但是没想到腾讯选择来"摇晃"阿里巴巴——他的潜台词是，一家领先的互联网公司，不应该借助技术来挑战垄断并造福于用户吗？因为有余额宝的成功，他有资格这样讲。

除了和腾讯的"瑜亮之争"，更大的威胁来自于技术之外。在支付上，除了受到微信支付的挑战之外，像睡狮一般一直容忍着支付宝的四大国有商业银行突然觉醒——余额宝一定加速了它们醒来的速度，因为越来越多的储蓄用户在抛弃银行，将钱存入自己的余额宝——并且付诸行动，想要遏制住以支付宝为代表的互联网金融创新的蔓延之势。

事实上也的确如马云所言，"春节很快就会过去，后面的日子还很长"。微信红包并未能一直延续它在春节期间的流行。真正的对手马上就开始了自己的反击。四大国有商业银行工、农、中、建分别于当年2月28日、3月17日和3月22日以"保障客户资金安全"为由下调了支付宝快捷支付的限额，单笔支付的最高限额从5万元下降到5000元。

一次胜利

从2014年的上半年看，一切似乎都糟透了。好事的媒体仍旧紧盯着阿里巴巴的股价，计算还差多少就可以超过多年来稳居华人首富地位的香港商业教父李嘉诚。第五个"双十一"，高达571亿的销售也只是为他锦上添花，他在乌镇参加世界互联网大会时称自己并不关心这个销售数字。

对于这个英语教师出身的商人来说，如果把评价时间拉长到更为久远的时候，那更是一次了不起的逆袭。刨去算不上成功的前几次创业，即便是阿里巴巴成立之初，也未见其有任何日后大富大贵的迹象。和《人物》记者聊起往事时，他曾用夸张的语气回忆起当时的惨淡："由于没有人到淘宝网上卖东西，我们就让十几个创始人每人从家里拿出10件东西放到网上交易，结果有的人连10件东西都凑不出来。开始时也没有人到淘宝网上买东西，我们这十几个人就互相之间买来买去。"

马云梦想的成功，显然不是"万一实现的"。马云之所以走到首富的位置，按他自己的话来说，取决于"我们相信什么，而不是利益"。这更像是一个价值观问题,而不是商业利益问题。"我们的原则是希望市场更透明、更丰富、更加合理、更加公平公正。因为这些原则,我们的钱收得少我们都无所谓。阿里巴巴已经定位成一个社会企业,它的职责是为社会服务。"马云对《人物》记者不无戏谑地说,"你们叫洗脑,我们叫价值观。"

"洗脑"显然非常成功。几乎所有记者接触到的阿里巴巴员工,都真心认为自己是在做一件正确和有前途的事情,而不是像其他公司的员工那样,仅仅将之视为一件工作,会在私下里抱怨公司。这是阿里巴巴这家公司酷而与众不同的一面。

如果说以今日的眼光来看,阿里巴巴已经取得让人赞叹的成功,能够解释这种成功的,除了外部商业观察者分析的各种原因——马云本人的领导力、运气、资本的帮助、中国增长的红利、商业模式之外,马云本人的解释亦有道理,他说,在今天这个时代一个公司要想成功,它需要为社会解决问题。

在一封广为流传的内部邮件中,马云阐述了自己和整个公司的理念:"阿里巴巴要促进开放、透明、分享责任的新商业文明。"他说自己深知,"坚持做正确的事,坚持自己的理想和使命是一定要付出巨大代价的……尤其在今天中国的商业环境里,促进开放、透明、分享、责任的商业文明一定会破坏大批既得利益群体,我们要抗争的不仅仅是这些既得利益群体,还有20世纪的商业习惯"。他同时警告自己的同事,如果放弃了这些理念,"从此我们就会成为一家平庸的公司,为利益而活着"。因此,"假如我们的调整政策违背了开放、透明、分享、责任的原则,我们一定会认真倾听并修改。否则,我们将会犹如捍卫生命那样捍卫我们的使命"。

在阐述阿里巴巴的企业理念和价值观时,马云更喜欢用"我们",而不是很多中国企业家家长制作风式的"我"。在讨论个人和公司关系时,马云对《人物》记者说:"我现在不那么想个人的重要性了,以前我这么想的时候我太自大了。"

  这至少表明这个正在风口浪尖的人仍然具备自省意识,他还没有被那些宏大的话语和各种溢美之词淹没。很多曾灿烂一时的商业明星,在今天都已经被人淡忘。马云和阿里巴巴又能够在商业的浪潮之巅坚持多久?没有人知道。但是在今天已经被越来越多人接受的一件事情是:在这一代的中国公司中,真正有了产生世界级影响的公司和商人的可能性,而阿里巴巴和马云是其中一个可能。

李彦宏

//

巨人转身慢

"我是创始人、CEO,百度任何的好和不好,肯定归功和归罪都应该是我。"

2017年7月5日百度开发者大会后，百度市值涨至638.38亿美元，与京东拉开70多亿美元差距，保住了"BAT"战队位置。高举过头顶的人工智能大旗，为百度撑起了一块新的想象空间，而这也恰是挑战的终端。"科技界的规律就是这样的，一项技术从发明到技术成熟，就是3年到5年，5年到8年，这很正常。而一项技术成熟到商业成熟又是需要3年到5年，5年到8年，甚至长达10年这么一个时间周期"。林建辉清楚地知道，等待成熟的这段时间是最难熬的，"他有着来自资金的压力，来自技术的压力，甚至来自于公众和员工对他自己信心的问题，这就是最难的事儿"。这位曾在PC互联网最辉煌时期，为百度效力超过5年的中高层领导，希望老东家能挺过这一关。

缓增的企业收入与AI领域高投入之间的矛盾已经开始显现。2013年初百度设立深度学习实验室，成为布局人工智能的标志，当年百度在研发上的投入就比上年增加了78.2%，升至41.07亿。仅两年时间，百度在研发上的支出已攀升至100亿元以上。而百度2016年的净利润却仅为上年的三分之一，116.32亿元。

百度从2016年进入营收增长洼地，第三季度时首次出现负增长，前三季度11~13的市盈率也成为历史最低，2005年到2015年的10年间，百度市盈率在18~954之间。

状态低迷的百度却又在此时遭遇了京东，在2017年6月下旬的市值角逐中两次短兵相接。6月23日当天，市值跌至615亿美元的百度仅以6亿美元的优势领先于京东。媒体人雷建平甚至备好了京东超越百度的稿子，只等结果。而此时"BAT"战队中的阿里巴巴和腾讯市值都早已突破3000亿美元，2017年腾讯第一季度净利润144.76亿元，甚至高于百度2016年的全年净利润。

一面是京东的穷追不舍，一面又是被"AT"加速甩开的大段距离，赛道上的百度处境尴尬，看台上的唱衰之音此起彼伏。

转型是需要付出巨大代价的，李彦宏早就知道。除去被当作第一次转型的2001年9月正式对外提供搜索服务外，百度还分别在2013年和2015年经历过从PC互联网向移动互联网和互联网+的两次转型。

"所以我们付出了什么呢？两年当中净利润从53%降到29%，我为了适应这种变化，原来百度单一的业务也变成三个独立的事业群组，移动还有新兴业务还有搜索业务，在布局线下，我一个多月之前也讲会为糯米投入两百亿……不仅仅是市场费用、运营费用的增加，在技术上也在不断加大投入，我们研发的费用增长一直是高于收入增长速度"。李彦宏曾在2015年举行的首届"互联网+零售"紫金峰会发表演讲，题目就叫作"转型的代价"。

而为应对转型中底层的技术革新，百度付出的代价又何止于此？

从开年到7月初，与百度打了10年交道的媒体人雷建平，在自己的自媒体平台发表的有关百度的稿子近70篇，除去不停放出的人工智能新动作和市值排位争夺外，便是百度内部的高层频繁调整。雷建平发现大公司的业务增长一停滞，内部冲突就开始加剧，伴随的就是高层动荡。

李彦宏妻子马东敏在2017年1月重回百度，任董事长特别助理，负责投资、人力资源和市场公关。随后，前微软全球执行副总裁陆奇空降百度，担任集团总裁和首席运营官（COO），一人之下万人之上，向李彦宏直接汇报，成了被列入百度未来10年最重要的战略方向的人工智能的掌舵者，也被李彦宏视为"变革的关键一步"。3月，陆奇挂帅由自动驾驶事业部（L4）、智能汽车事业部（L3）和车联网业务（Car Life etc.）整合成立的智能驾驶事业群组（IDG）总经理。

但接下来两个月，百度高层平地起旋风。曾带领人工智能技术团队的首席科学家吴恩达和担任无人驾驶事业部总经理的高级副总裁王劲于2017年3月宣布离职，曾任公司副总裁、百度糯米总经理的曾良因违纪被解职。四五月间，负责百度金融风控的同名副总裁王劲、百度外卖副总裁陈锦晖、百度百付宝公司总经理章政华及分管贴吧、百家号等业务的高级副总裁陆复斌纷纷出走。而首席财务官李昕晢和战略部副总裁金宇则转任百度资本合伙人。

AI像是百度押下的一场赌局，"转向AI呢，他就是想搞这种跨越式的发展了，其实风险是最大的"。曾为百度中高层的林建辉觉得迫使李彦宏下这么大注也是无路可走，"就是你已经错过了一个浪潮了，你只能在下一个浪潮去赌。你现在去追着人家做电商，追着人家做社交，追着人家做游戏，没戏了啊！"

而林建辉口中错过的浪潮，便是2012年前后兴起的移动互联网。昔日的PC霸主错失移动"入口"，当屹立潮头的机会逐渐远去时，百度的步伐开始变得慌乱。在移动端App分发平台和O2O市场已被瓜分殆尽时，百度在2013年7月以19亿美元收购91手机助手以及2015年将200亿砸向糯米强势入市。结果却是2014年底，多家手机厂商与百度手机助手的预装合作到期后并不积极续约；百度2015第三季度交易服务业务运营亏损58.8亿元，第四季度该业务则将运营利润率拉低了32%。2015年入职的百度员工李岩连年终奖基数都没有拿到。到2017年，百度一季度的财报中已经不再出现糯米和百度外卖的数据了，而2017年8月，百度外卖将自己打包卖给了饿了么，成为昔日竞争对手旗下的全资子公司。

李彦宏也曾对媒体坦陈，因为自己对移动互联网的保守，导致错失良机，"因为我觉得网速很慢啊、手机屏幕很小啊、上网很贵啊，我都是想这些不好的东西"。智能手机的普及加速改变了受众的行为习惯，百度被迫转型。"2013、2014年这两年，我天天都在想，我是不是真的完蛋了，我是不是就被移动互联网所淘汰了"。李彦宏并未掩饰被大潮落下后的恐慌。

林建辉则认为"百度犯这个错误其实是必然的"，因为"巨人转身慢"。

巨人

2012年初的百度年会上李彦宏说百度的员工总数已经接近1.5万人，现在，百度的员工总数已超过4万人。

2012年钱壕入职时工号排到了5万多，等到2015年李岩进入百度时，工号便已是13万开头了。百度像一个极速发福的巨人，体态臃肿，走起路来摇摇晃晃。人员的快速扩张和流动导致企业文化和团队定位等观念被冲淡，中间的组织架构也乱了套。"百度整体的方向规划就没有能够从上直接传达到下的"。钱壕曾是百度销售体系下的一个leader（领导者），感受最多的是上层调整的方向还没传达到底层，就已经又改换了其他方向。

兵不识将、将不知兵，"每一个层级的人脑子里想的东西是不一样的，所以这个人走起来一定会是曲里拐弯的。"钱壕对《人物》记者说。

林建辉觉得可能是百度急于寻求认同感。2008年左右，在人员扩张的过程中，百度从外企引进了一批管理层。李彦宏曾对媒体表示他强调管理层背景的多样性，因为能够发挥不同人的长处，大家取长补短，而不好之处便是文化价值观的难以统一。

这些"大脑袋"被林建辉视为"office政治动物"，"他们天天在那儿之乎者也写PPT"或是给老板写邮件，办事效率却在急剧下降。"早期的时候可能大家上个洗手间碰见，两三句就能解决一个问题，做一个决策。而到后来可能约个会，你一星期都约不来"。而等你约来了之后，又发现原来20分钟能开完的会，现在一小时都开不完，"你花了40分钟时间给各位大脑袋解释我们在谈论什么事情"。这与林建辉喜欢短平快的办事风格相去甚远。

2014年，前微软全球资深副总裁张亚勤转投百度任总裁。在2017年3月开幕的博鳌亚洲论坛上，张亚勤在讲到企业创新时，称中层是最大障碍，因为"中层一般都是喜欢比较保持现在"，要么说服他，要么绕过他，"我在公司里面很多时候就是要绕过中层找到真正的创新"。

百度内部中、高层间的矛盾早有激化。2015和2016年间，钱壕听说了至少三起中层和高层领导打起来的事件。"就是对于工作业绩的分配，中层觉得这个高层啥也不会，高层觉得中层不服他，就一块打到大老板那儿去了，然后大老板一拍桌子，就把两个人都开掉了"。在钱壕看来，这种事情出现一起就已经非常荒谬了。

林建辉和钱壕都觉得大量外部人员和"政治动物"的涌入，冲散了百度曾经聚合上进的文化氛围，大企业病在巨人内部滋生蔓延。"机构臃肿，人浮于事，有一群混子在那儿冲着老板的喜好去做事情，这是最可怕的"。两人都说自己是想做事的人，所以最终选择离开内部政治化越来越严重的百度。

在"政治动物"的敏锐之上，李彦宏似乎也早已察觉到了什么。2012年的内部信中李彦宏开始"呼唤狼性"，他希望淘汰掉"良好背景，流利英语，稳定的收入，信奉工作只是人生的一部分，不思进取，追求个人生活的舒适才是全部"的"小资"群体，"否则我们这一艘大船就要被拖垮"。

2017年8月的百度Summer Party（夏日聚会）上，李彦宏再次提及百度企业文化，并用"风清气正"四个字来解读"简单可依赖"。"用户至上的理念，就是风清气正；胜则举杯相庆，败则拼死相救，就是风清气正；不唯上，是风清气正；说话不绕弯子，是风清气正；公司没有政治，是风清气正……"林建辉觉得一定是李彦宏意识到了百度内部还是"风不清、气不正"。

能够支撑员工规模大肆扩张的背后是百度在PC互联网时代的高速发展。

从2001年9月与提供搜索技术的所有门户网站决裂，正式独立对外提供搜索服务，到抗衡谷歌占领国内搜索引擎市场第一名，百度只用了3年。2004年，百度搜索引擎占市场份额33.1%，分别高于第二名雅虎中国和第三名谷歌中国2.9%和10.7%。此后百度占据的市场份额一路走高，始终保持着国内搜索引擎霸主地位。

2005年8月，百度在纳斯达克上市。互联网的试错阶段已经过去，百度上市正好成为互联网行业规模化流量变现的历史节点。林建辉在此时加入百度，带领团队争抢市场份额，"大家心气儿都很高，企业文化也很正，有一群年轻的、有冲劲儿的、聪明的人在那儿专心致志把事情做好。"林建辉告诉《人物》记者，他觉得那时的百度就像一辆高速行驶的列车，带着所有的资源往前跑，"PC互联网时代最好的时间"。

在2007年接触百度时，媒体人雷建平的报道还集中在百度发布的新产品。据统计，百度在上市后的4年间，先后推出了21个产品线，其中有七八个产品用户量过亿。在以搜索引擎为入口的PC时代，大把的盈利也通过搜索引擎竞价排名纷纷滑入百度的口袋。

2010年，谷歌退出中国，搜索引擎领域唯百度一家独大，占据垄断地位。2011年3月，百度市值达到460.7亿美元，首超腾讯，成为中国互联网市值第一的公司。而后，移动互联网的兴起迫使百度在无线和O2O领域大肆布局，收购91助手和糯米等企业，人员规模也在此时翻着番儿地向上增长。

在PC的王者时代，百度把所有资源都投进搜索引擎，靠着专注和单一迅速崛起，而衰败也恰是从此开始。当企业的业务单一时，很容易成为专制体，形成"什么事儿都是大Boss说了算"的决策机制，"公司一大，就会人浮于事，这些政治动物的嗅觉就很灵敏，那我呈递给你的信息可能是经过加工的，我说的话都是你爱听的，慢慢地你就不会了解这个公司的真实情况"。林建辉觉得这个世界很有意思,正所谓"成也萧何,败也萧何"。"因为你的注意力不会集中在其他任何事情上,再说白一点,任何事情你都提不起兴趣"。林建辉发觉面对移动互联网时的百度,像极了之前面对数码相机时的柯达。

垄断

谷歌曾是百度在国内最强有力的竞争对手。2002年李彦宏布阵"闪电计划"阻击谷歌,他要求参与计划的15名成员在9个月内"让百度引擎在技术上全面与Google抗衡,部分指标还要领先Google……"并下达了"计划完成后百度的Pageview(日访问页面)要比原来多10倍,日下载数据库内容比Google多30%,页面反应速度与Google一样快,内容更新频率全面超过Google"的命令。

2002年12月,"闪电计划"大告成功。2003年,百度搜索引擎仅次于Google,居中国市场份额第二。2004年便登顶国内搜索引擎市场份额首位,一直保持领先。

互为压力的两者形成的良性竞争维持着国内互联网环境的相对稳定。

但2010年1月谷歌突然说要从中国撤离。消息蹦出来时,雷建平正在值早班,第一反应就是"跟着去买百度股票,大家都能赚不少"。果然,从谷歌1月宣布到3月正式退出,百度的股价从每股386美元一路涨至每股580美元左右,上涨逾50%,甚至超过谷歌,创下每股628.5美元历史新高。市值也在次年升至中国互联网榜首。

互联网的天平瞬间倾斜至百度一端。当时百度的盈利方式以为企业提供搜索引擎服务、网页竞价排名和广告分成为主。谷歌退出后，一些门户网站纷纷换用百度，香港大亨李嘉诚控股的TOM集团旗下中国大陆互联网子公司也改换了百度的搜索服务。

雷建平觉得，很长一段时间内百度是躺着赚钱的状态，因为百度几乎垄断了PC时代的流量入口，"每一个网站都不敢得罪百度"。就如坊间传闻"最强势的媒体就是百度"。

百度的"作恶"也从此时开始。林建辉对《人物》记者说这是商业竞争的必然，"没有一个势均力敌的对手的时候，就会产生领先者的用谷歌的逻辑，就是垄断者的罪恶"。

钱壕感觉到有些部门已经开始不尊重商业基本的本质了——曾经的一个项目，后端的团队在上线过程中私自改变了客户的Logo。"我们站在营销的领域上来讲，每一个客户的Logo是绝对不能更改的"。钱壕不知道这具体是出于何种考量，但结果是不断接到客户的投诉甚至是法务函，作为一线团队的他们不得不请求客户的原谅，很多项目因此被延期，"我们本来说收了一天的钱上一天的项目，后来只能收一天的钱上一天半、上两天的项目"。

雷建平发觉百度太过纵容商业，而这也导致了此后血友吧、卖吧和魏则西事件的发生。

百度开始备受指责，李彦宏在接受《财经》杂志采访时解释"招黑"的一个重要原因是这十几年百度搜索疏于改变，没有给用户提供一个真正创新性的新产品并带来惊喜，"我们可能相对保守了一些"。而能让百度保守着不去创新的一个重要因素是百度一直维持着利润的高速增长。"百度凤巢，占了百度90%以上的收入。"曾在百度工作并接近凤巢团队的王瑶告诉《人物》记者。

百度凤巢系统在2009年上线，是在竞价排名机制上升级的搜索引擎营销平台。2010年，百度净利润达到35.25亿，同比增长137.4%，创下历史最高。王瑶说李彦宏曾将世上生意分为两种：一种是利润高于50%以上的生意，一种则是利润很低的生意。

"你看看制造业都是利润2%、3%的生意，但是凤巢的利润有50%到60%，甚至超过60%，而且这是扣掉了研发成本和各种市场成本之后。"王瑶说，"就是说这个生意太好，以至于说你看到别的生意的时候，都觉得这个东西太苦逼，我不要做。"

钱壕觉得百度当时已经沉浸在自己的伟大当中，失去了一些警觉，以至于在移动互联网风起云涌时，李彦宏还在2012年的百度联盟峰会上将其形容为"漂移"，"很刺激，但是很危险"。他觉得这就像2000年左右PC互联网出现的疯狂泡沫，"公司什么钱都赚不到，但很容易拿到风险投资，很容易上市"。

移动互联网广告价值没有PC互联网大；移动互联网上的电子商务优势也不及PC；游戏的收入来源是大型的客户端游戏，而手机上只能装轻量级游戏……"所有这一切都使得在移动互联网时代赚钱面临很大的挑战"。李彦宏在2012年的百度联盟峰会上说。

"就像柯达面对数码相机一样的反应啊，这是一个宿命的东西。当柯达在胶卷市场有绝对王者地位的时候，你看见那个数码相机你就会觉得这是啥啊，它能带胶卷吗？不能，不能我做它干啥啊。你会本能地去挑很多数码相机的问题"。林建辉认为李彦宏的反应无可指责，"一个人是很难革自己的命的"。而这也是一个企业谋取到了垄断地位之后的必然反应和结果——效率低下，不创新，大企业病，"这古今中外概莫能外啊。"林建辉说。

林建辉觉得也是对手的意外退场，使百度失去了全力奔跑的动力，"在他看来，PC互联网远远还没有结束呢，但是谁想到它来得这么快"。

2011年，艾媒咨询发布的数据显示，当年国内手机用户总量已达到9.3亿，且手机上网用户已超过3.9亿，DCCI互联网数据中心预测，到2013年中国手机网民将达7.20亿，手机网民将超越电脑网民。

各厂商争相抢占App分发平台的开发，但百度则判断移动搜索会成为获取App重要的渠道。所以，当2011年腾讯、阿里巴巴、360以及第三方平台创新的各类App分发平台上线时，百度毫无动作，直到2013年7月豪掷19亿美元收购91手机助手，然而大势已去。

在抢占移动互联网的入口中，百度落后了，而后包括全资收购糯米，全力挺进O2O等领域的动作，都被视为李彦宏无法掩饰的慌乱所产生的一系列连锁反应。

钱壕记得2012年和2013年的核心工作就已经在推进移动端搜索的营收和产品覆盖了，"当时百度想了很多的方法，比如说强势在投放过程当中，必须得有一定比例的广告是消耗在移动端的"。但这并未能扭转百度在移动互联网中的颓势。

作为中国互联网市值前三的最高领导者，李彦宏无疑是睿智的，但对移动互联网浪潮所做出的决定钱壕并不理解。"百度最高的领导团体，他们的群体思索性有没有一个有效的结合，是更加注重于内部权益的竞争还是更加注重于外部的这种百度对于整个环境的竞争，我觉得是需要考虑的"。

"独裁者"

张远对李彦宏的认知是呈曲线的。

2002年的"闪电计划"，张远是其中的主力工程师之一，他在那个时候见识了李彦宏的铁腕和智慧。雷鸣曾是项目的负责人，但项目进行至半程时，因对进度和管理方式的不满意，李彦宏亲自挂帅监工。

每周要做的事情及原因都要向李彦宏汇报，而操作周期往往被硬性压缩，"那你可能说我花5天，能把这我发现的那个问题可以改掉，他说不行，2天改完"。张远和同事们被逼得近乎发疯，甚至天天住在公司，"李彦宏就说No life"。

一个工程师在压力之下掉进了自己的情绪陷阱，开会说技术方案时他各种不认同，最后被李彦宏开除。工程师们觉得自己更加不被尊重了，甚至酝酿了一次罢工。李彦宏听闻后迅速赶到公司进行安抚，并解释为什么会施加那么大压力。"就讲谷歌中文竞争是极其厉害的呀，不做好的话，公司就没有前景，互联网的这个时间是极其宝贵的，错过那个风口可能就没有了"。张远说后来证明李彦宏是对的。

罢工没有实施，"闪电计划"顺利完成，盲测时市场对百度的认同超过了谷歌，"我们都被震到了，我们自己做技术的人都不相信这一点，都认为我们不可能搜索结果比谷歌好"。张远对李彦宏突然生发了一种钦佩之感,"很崇拜"。

但2005年上市后,随着公司规模的扩大,张远对李彦宏和他的管理机制愈发反感。"有一段时间大家都很崇拜谷歌嘛,什么不作恶啊、极客范儿,又有20%的自由工作时间,很多这种东西,说得我们心痒痒的嘛"。但李彦宏觉得这种管理方式是不对的。监督、制约、流程、规则……李彦宏试图规避掉一切有可能被人情渗入的方式,与员工之间就像一场纯商业交易,我给你钱,你为我做事。"人跟人认识不认识在他看来就没有价值了,可能他还特意警惕和抵触这种事情,他要想办法去消灭这种人情"。这与张远的理念恰好相反。

张远觉得李彦宏对一切都不信任,提出的方案总会被反向质疑,部门间相互监督、争斗,"帝王之术,或者挑动群众斗群众那种感觉"。张远厌恶这种不信任的氛围,最后选择了离开。

在百度工作过的知乎网友就曾发表言论,称百度的内部竞争甚至比外部竞争还激烈。钱壕告诉《人物》记者,因为百度内部对狼性的宣传,常出现N个团队在职能和事项上的N种交叉与竞争,以寻求最终厮杀出现的最好产品和队伍。

在百度最核心的搜索领域,每天都会有不同的新产品上线,但荒谬的是"有可能这些新的产品上线连内部的人都不知道"。钱壕说只要团队得到权限就直接把产品上线了,有些产品样式只是多一个空格的差别,"这个东西已经混乱到说我们都完全没有办法通过肉眼去分辨"。钱壕无奈地发现,经常出现客户在前端搜索到了不同的样式来咨询的时候,专业的营销人员都不知道这产品叫什么名字、该怎么卖。

百度部门间对业绩的厮杀总是刀光剑影。曾经有一个营收300万的项目横跨PC和无线两个事业部,最后却差点因这笔钱到底该算到哪个事业部头上而导致项目流产。"这个钱收进来就是百度的,内部怎么分应该是内部再协调的事情,不可能说因为内部不和你去干涉到客户这边的事情"。钱壕觉得鼓励竞争是好事儿,但应该划定范围做局部厮杀,而不是全盘厮杀。

在林建辉看来,部门间对业绩的争斗包括之前出卖"血友吧"和"魏则西事件"的医疗广告风波,皆因资本市场和管理层对百度的预期过高。在未能及时意识到移动互联网对PC端流量蚕食的情况下,想要保住盈利的高速增长,背负KPI的部门只能想尽办法捞钱。

资本市场无疑是贪婪的。林文加入百度时曾想改变百度备受诟病的广告机制,"我有能力让他们把这个广告出好、出少,甚至出的不需要这种竞价排名的样式并且公司的收入也不会下降"。后台的系统已经能够做到了。"但不是说你做到了这个事情就可以改变的,最后因为华尔街有更高的预期,他们紧接着问你另外一个问题,说那如果竞价排名仍然保持的话,收入可以涨多少?"林文无奈了。

"所以大家看到的结果是百度的收入大涨,我本来并没有期望百度的收入涨那么快,在2010年到2011年之间,百度的收入超了华尔街预期可能有30%,其实你并不需要超那么多,你超5%华尔街也很开心,并且你还能让一些不太好的广告下架,但是资本者是更贪婪的。他知道你是30%,他不会接受5%的。"林文对《人物》记者说。

屹立于百度4万员工之巅的李彦宏成了世人眼中急功近利的商

人。李彦宏曾这样说明自己和百度的关系："我是创始人、CEO，百度任何的好和不好，肯定归功和归罪都应该是我。"

曾经一起创办百度的"七剑客"纷纷离开，CFO王湛生意外离世后，一直到陆奇和妻子马东敏进驻前的这段时间，李彦宏都像是百度孤独的君主。雷建平曾说起行内的一句玩笑话：阿里巴巴是马云和他的三十几位合伙人一起战斗，腾讯是马化腾和张志东这样为公司建言献策的合伙人一起战斗，而百度，是李彦宏跟他4万员工一起战斗。

陆奇的到来和马东敏的回归曾一度被看作是李彦宏的"放权"之举，同样是公司老板的林建辉不这么认为："他放不了，这是他的天然职责所在。老板缺位，这公司能做成吗？"

"任何一个企业家都是独裁者。"林建辉在桌子对面看着《人物》记者，"大企业、小企业都是独裁者，Boss不说了算，谁说了算？不可能，这个东西没有错。"他觉得李彦宏还不够狠，"他应该再独裁一些，把那些扯淡的、不赚钱的、没有前途的业务砍掉，把那些傻子都赶走。"

百度在移动互联网上做了保守的决策，这使李彦宏对自己多年的理念产生了怀疑："我们也许不应该那么实用主义，也许应该加入一些理想主义的色彩，这样大家才会更喜欢你。"

现在百度把赌注全部押到了人工智能上，这次的李彦宏没有保守。除去对形势的判断外，还因为他自己对人工智能的兴趣，这是他从大学时代就喜欢的东西。

钱壕常听同事说起，2011年以前大家还能经常在百度大厦看到李彦宏，但2012到2015年间很难看到他出现在公司。"他都去搞一些前端的科学技术啊，前端的科研的方向了"。而2016年百度经历"水逆"的这一年，"很多同学早上起来去大厦吃早饭就会看到Robin（李彦宏英文名）7点多就开始到了。很多人就开始刷朋友圈说早上起来碰到Robin"。钱壕和同事们感觉到李彦宏自己的慌张和频繁出面，"他还是想做那个力挽狂澜的个人英雄"。

雷军

//

豹变

从起点金山到终点小米,
从少年得志到大器晚成,从朱熹到王阳明,
雷军给自己重刷了一个操作系统。

2009年12月16日，雪夜，北京燕山酒店对面，酒廊咖啡馆。事后想来，这是一个郁郁不得志的IT老人转变为新贵的前夜。

当晚雷军喊朋友喝酒，毕胜、黎万强、李学凌等金山旧部和朋友在列。当晚雷军在伤感、挫败和矛盾的情绪中度过，他一边唏嘘不已，一边一瓶接着一瓶地灌下喜力啤酒。一群人都越喝越多。11点半，雷军才开口说，今天是他的40岁生日。毕胜回忆，雷军当时的谈话基调是反思："雷军讲他的劳模人生，是不是错了？他反思自己这么多年的职业生涯，从领导哲学，到做事哲学上是不是有错。"

聚会临近结束，大家说雷军40岁了，总结一下。雷军留下一句话："我们要顺势而为，不要逆势而动。"

大家在双榆树当代商城的岔道口，分头打车回家。

这一年，已经从金山退休的雷军找到了他要的"势"：移动互联网。他看到智能手机是一个巨大的机会。

雷军当时的身份是天使投资人，起初他想投黄章——黄章仅有初中学历，以工匠精神、行事低调和为人偏执闻名，其一手打造的魅族手机在国内用户众多。两人一度往来频繁，关系在2010年前后空前密切。

小米的联合创始人王川说，当年雷军与黄章彼此都是真诚相对，黄章把做手机的经验倾囊相授，雷军则把软件、互联网和公司运作的规则悉数教给黄章，他甚至一度愿意为魅族押上全部身家。

"投资魅族这事，他刚开始很狂热，他很欣赏黄章，就像谈恋爱，你欣赏时只能看到优点。黄章有巨大的优点也有巨大的缺点。但一个企业需要你某方面特别强，其他方面也不能弱。"

王川对《人物》记者回忆他曾劝雷军谨慎："我说你能管吗？他说投了就是听天由命。投资魅族基本上就是他的家底了，我说我反对，他说他不会亏，我说不会亏和浪费机会是两个概念。"

在王川看来，雷军最终没有投资魅族的原因是：雷军和黄章两人对于人才的看法存在巨大分歧。

核心是两件事：雷军对黄章说，魅族一位高管的软件硬件都很强，但一分钱股份没有，很容易被别人挖走，黄对此的回答让雷震惊："他被挖走了我自己能干。"雷军又花了几个月说服黄章从Windows Phone手机系统转向Android手机系统，并把谷歌中国工程研究院副院长林斌介绍给他，希望黄能分5%的股份给林斌，用来吸引林斌加盟，黄章不同意。

出道22年，雷军早已名满天下，但获得真正现象级的影响力始于这里，他决定自己干。

雷军转而邀请林斌共同创业小米，这成了一个关键点。金山的黎万强、微软的黄江吉、谷歌的洪峰、摩托罗拉的周光平、北京科技大学工业设计系的刘德和多看的王川等6人陆续加入，一半是雷军的旧识，一半是林斌的故交。

雷军对这些合伙人承诺：小米将是他最后一次创业。林斌疑惑地问他，你是认真的吗？你在小米的股份还没在YY多呢。雷军说："哎，我没想，不然我再买一些回来。""为了打消大家的顾虑，他大概又花了3900万买了一部分股份，他的股份才超过其他合伙人。"王川说，"他把做小米的利益看得不重，他把公司分给大家了。做金山他没有证明自己，他希望有个成功证明自己。"

江湖前辈

2007年10月9日上午10点整，金山软件在香港联交所上市。两个星期后，雷军出现在商业脱口秀节目《波士堂》上，谈笑风生。但是看过这档节目的人能够感觉到，因IPO一偿夙愿而产生的喜悦，尚不足以化解8年上市长跑给他带来的郁结。

临近结尾，女主持人问这个38岁的中年人，如果你的生命里没有了金山，还有什么？"我坚信因为我是金山的总裁才被邀请的。"他回答，"真的希望将来因为我是雷军，所以我才有机会坐在这里。"

之后发生的事情让这段话有了先兆的意味：2007年12月20日，雷军辞去金山总裁与CEO职务，他的理由是身心俱疲。他的这一巨大转变显得过于突然。毕竟，他在这家公司投注了15年的心血，他把成年后的大部分时光都献给了一个纯粹而清晰的理想。

"我们最早的时候说，一定要把金山做成中国的微软。我们的口号是：让金山的软件运行在每一台电脑上。雷军确确实实在为这个志向而努力。"金山创始人求伯君接受《人物》采访时说。1992

年,求伯君邀请23岁的雷军作为第6名员工加入金山。两年之后,雷军出任北京金山总经理。6年之后,升为金山总经理。

周鸿祎在1995年结识雷军,当时周研究生毕业不久,在方正做程序员,雷已经坐镇北京金山。

"当时对我来讲,雷军算是传奇人物。"周鸿祎对《人物》记者回忆,当年北京满大街跑的还是黄色面的,周鸿祎每天要挤3个小时公车上班,而雷军那时候就已经开上一辆白色桑塔纳,"就像今天他开一辆卡宴。"

他说话之间,一场颁奖典礼正在360总部大楼外举行,一位搜索工程师因工作出色,得到了一辆卡宴作为奖励。

周鸿祎把那时与雷军的交往定义为"很长时间的仰视","当年搞电脑是很高档的行业,他又属于里面人中龙凤,又年轻,又有金山这样一个平台,我内心的骄傲肯定有"。

"在我们这一拨人里,他出道的时候,也许丁磊、马化腾都刚参加工作,没准儿陈天桥还在学校呢,我也刚毕业参加工作。按世俗的标准,他更早获得了社会的认可。实话说,从江湖辈分来说,他比我们要高,他应该可以算求伯君那一代,和杨元庆,和当时中关村的这些人是齐名的,我们互联网这一拨人只能算第二拨。"周鸿祎说。

在当年的中关村,雷军与周鸿祎谈论着未来的各种可能性,甚至提出过卖水、卖盒饭的想法。"他说,如果他们去卖水,要请刘德华做代言人,这个水叫'忘情水'。如果他们去卖盒饭,会做得如何如何不一样——大家都看不起,觉得这是一个什么生意——但他连这些都能讲得非常有逻辑性。"周鸿祎笑着回忆。

雷军善于总结一二三，说话斩钉截铁，富有说服力。"他跟你说话的时候，内心非常真诚，也非常相信，他每句话都板上钉钉，好像牛顿定律一样，这就叫'现实扭曲力场'，非常有说服力。你会受到他的感染，什么事在他一说，前景都很宏大。"

很早，雷军在市场营销上的功力就让周鸿祎感到惊奇，金山在1998年《金山词霸Ⅲ》首发仪式上借势歌手白雪和零点乐队开露天演唱会，激起用户和经销商的热情，以及在1999年发动的"红色正版风暴"，3个月促销期内，雷军将金山两套软件从168元下调至28元，最终销量突破了110万套，创下中国正版软件销售的历史纪录。"在中国没有互联网的时候，他已经很懂得怎么去发动用户。这一方面当时是我完全不懂的。"周鸿祎回忆。

勤奋，而且过度信任勤奋

一个业内普遍的认识是：论勤奋，无人比得上雷军。周鸿祎在互联网界以勤奋闻名，但是与雷军相比，他自认不如。雷军的下属和朋友对他的旺盛精力体会更深，并相信其中他有天赋的成分——他可以通宵达旦地工作，在很长时间里只睡四五个小时。

科技评论家方兴东注意到，雷军的时间安排像飞机的时刻表一样，精确到15分钟、半个小时。很多次他约雷军见面，都不得不等到深夜12点以后，那时雷军才结束一天的工作。"他的睡眠永远严重不够，人非常憔悴，疲惫始终挂在脸上"。

暴风影音CEO冯鑫曾任金山毒霸事业部副总经理，他对雷军的自律印象深刻。有时候雷军的责任心重到会让下属产生负疚感。"我们谈工作谈到后来，有一个很小的细节，大伙儿就疏忽掉了，甚至是心里有点故意疏忽，他一定会不辞劳苦地揪出来，说我们再谈谈。工作谈完以后，在回家的路上，你想起什么了，就明天再说呗。他呢，想到了一定会给你打电话继续聊。"

雷军会在手边常备一个笔记本，随时记录产生的念头，并着手解决。"他脑子永远在想问题和处理问题当中，没有停止过。你身边有个那么勤奋的人，跟你说每句话他都记着笔记，你在旁边跷着二郎腿，觉得没什么可记的，他又是你老板，对吧？这肯定颇不自在了"。

求伯君对雷军的严谨风格也感触良多，"我自认为我是做不到这样子的，有的时候我真的比较惭愧"。他举了一个例子：因为喜欢睡个懒觉，自己会把会议安排在下午，但是雷军开会"该什么时候就什么时候"。

王川是小米的8位合伙人之一，也是与雷军交往10年的挚友。他从2004年起开始教雷军滑雪，发现很多本不相识的金山员工对他表示感激。"说雷总觉得春节、十一放7天假太浪费时间了，咱放假3天，后4天开战略研讨会。后来我拉他去世界各地滑雪，没有七八天回不来。大家就能完整在家过春节"。

《人物》记者采访过的每个人都承认，雷军做事一丝不苟，关注细节，追求完美。冯鑫认为，金山时期的雷军勤奋，而且过度信任勤奋。这指的是他在小处事无巨细地操劳，却失之对大势的把握。冯鑫记得雷军曾经亲手为他收拾过两次杂乱的办公桌，并留下署名字条。"我就是告诉你说，这活儿我帮你干了。你肯定会想想，以后自己注意"。

雷军的朋友、百度前市场总监毕胜向《人物》记者描述了首次见到雷军的印象："一尘不染。"他注意到，雷军会在抽完一根香烟后，用手将散落在桌上的残余烟灰拂进烟灰缸里。

然而，15年下来，雷军深厚广博的商业才能、无休止的辛苦劳顿、不停反思形成的克己能力、亲力亲为的示范效应……却没有让金山取得足够显赫的成功。

金山是中国民族产业的代表企业，以通用软件起家，因挑战微软和对抗盗版闻名，旗下产品从WPS到词霸，从词霸到毒霸，从毒霸到网络游戏，历经数起数落，几度转型都难逃虎头蛇尾。事后回想，雷军用"盐碱地里种庄稼"来形容这家长不大的公司。

"他发愁的时候，别人能够感觉得到他的压力。我呢，反正怎么说呢？我心里面也发愁，但是这东西我努力过了就行了，天要下雨娘要嫁人那种感觉，随它去吧。"求伯君回忆那段困顿岁月说，但有胜负心的雷军不同，"他比较要强。"

求伯君说，金山在19世纪到21世纪初，面临的是如何生存，而不是如何发展的问题。金山今天要想的是，明天下锅的米从哪里来？无暇去想半年一年以后的事情。"当时业界都说，金山员工工资低，讲的是奉献、理想，我觉得这是一个残酷的现实"。

2000年初，互联网公司高速成长，大举从金山挖人，开出的价码远超金山现有薪资。"当时3倍是正常。翻倍，雷总会觉得你这个人忠诚度不够啊，翻倍你就走。3倍大家也说不出来什么了。"小米互娱总经理、金山原总裁技术助理尚进说。

小米联合创始人、金山词霸原总经理黎万强那时每周至少要花30%~40%的时间做团队沟通，"他动不动给兄弟洗脑，讲感情，讲理想"。

由于无法吸引京沪穗等地一流高校的毕业生，雷军发明了一套独特的延揽人才的方法：赴二线城市的一流高校招聘前5%的学生，进来后老人带新人，学成后抱团打仗。为了凝聚士气，金山一度每天早上站着开晨会，要求大家拿着分贝器上台喊口号。

"我每天给大家打气，给大家画饼，画到后来你发现负债累累，如果不上市你这一辈子都还不清。"雷军曾感慨。

当金山最终凭借网络游戏如愿挂牌的时候，雷军发现，他为之付出15年心血的公司市值不过53亿港币。这是个差强人意的数字，远不如同年在香港上市的阿里巴巴（市值1515.7亿港元），也不及2005年在纳斯达克上市的百度（39.58亿美元），就连与同样主打网络游戏概念的登陆纽交所的巨人网络（42亿美元）相比，金山也远远落在后面。

同是追求资本市场的青睐，阿里巴巴花了8年，百度花了5年，巨人花了3年，金山相比之下显得迟缓而老迈。"从珠海到香港真的只有一个小时船的路程，就这一个小时船的路程，我们走了19年。"雷军说。

"突然有一天想明白自己是头猪"

作别金山之前，雷军有一次和王川闲聊："他跟我说，你相不相信，我离开5年之后还能做一个这么大的公司？"

离开金山后雷军并未像对外界所称的那样"退休",而是开始了一段长达3年的"长考"。这段对雷军至关重要的隐忍旅程极为私人化,也不起眼,以至于外界更愿意关注他职业生涯的两段光鲜时段,他旅途的"起点"金山和"终点"小米。

"雷军真正脱胎换骨的变化是他离开金山,出去做投资。在那之前,你可以说雷军还不太懂互联网,在那之后,雷军成了一个互联网专家。"周鸿祎说,过去的雷军被金山的包袱拖住了。"我觉得他当年离开金山,也许很郁闷,也许不太开心,但这个挫折没有把他击倒,反而是给了他一个跳出来反观自己的机会。他一旦把互联网的'道'弄明白了,雷军过去这么多年积累的那些'术'马上就会发挥作用"。

他的这种脱胎换骨,与其说是水准的提升,不如说是心态变化所致——雷军终于得以松弛下来,远离日常杂事,把自己的才能更多地注入到天使投资当中,并借此掌握了属于自己的一套常识——后来他口中的"互联网思维"七字诀:专注、极致、口碑、快。

2005年,他在卖掉卓越后有了现金,先后投了拉卡拉、多玩YY、乐淘网、凡客诚品等20多家公司。这些企业集中于3个领域:移动互联网、电子商务和网络社区。雷军在这个过程之中完成了资源和认识的积累。按他自己的说法:"我想做移动互联网,但是我不懂,不懂就要交学费,最好的办法就是看看别人怎么做的,在UCweb看过之后,我对这个行业已经通透了。"

再次与雷军见面时,尚进明显感觉到两人交流的话题宽泛了很多,雷军频频说起对互联网的研究和认识。"雷总从前还是非常在意跨级的约束,他不愿跟一个金山老同事,在完全脱离金山业务的范围漫谈。他也担心我们不focus(专注),怕我们把心弄野了"。

尚进认为，不再担当金山CEO后，雷军的老板气质出来了。"我们在金山觉得雷总是老板，但那时候他肯定不是。他的弦绷得很紧，他非常尊敬董事会，甚至到了我们感觉不必要的状态。"

2008年的一天，雷军去找王川滑雪，两人在坐缆车的间隙聊天。仅仅几个月的时间，王川就发现雷军的格局变了，眼界从"用显微镜看事情"开阔到"用望远镜看事情"，"我当时对他说，你的水平提高了一个数量级。他说他以前一直说抬头看路，以为自己抬头看路，但其实还是低头干事，他的思考是基于金山的"。

"金山是一个管理很强的公司，他一声令下，说往东全往东。你有想法，觉得应该往西，有意见他让你先保留，干了再说。"王川说，"投资呢，恰恰就是你看着别人干，所谓'帮忙不添乱，在位不逾位'。我觉得他做风投以后更能容忍别人的想法跟他不一样。"

欢聚时代CEO李学凌说："他以前都是hands on（亲力亲为）做事情，现在没有这么hands on了。做投资，他不得不放下，就慢慢知道，原来是可以放下的。"

雷军放下的不只是事情，也是某种意义上的自己。冯鑫记得雷军在金山有撕纸的小习惯——他找一张纸，撕来撕去，直到最小——他的手里要一直拿着东西去处理。"雷军外柔内刚，无论他表面怎么客气，你随时都能感觉到他特别想达到当时的目的，特别明显，甚至因为这个原因，你能看到他每一分钟都不是放松的。现在呢，当中间出现一个与正事无关的事，他能够投入进去享受一会儿。比如他在小米发布会舞台上讲话的时候，他突然很轻松，他现在能够让自己停下来了。"

雷军告诉王川，他突然有一天想明白自己是头猪，从此一切都一帆风顺了。

在金山时的雷军自我期许很高，会不断地给自己提一个很高的要求，他发动大家去达到目标，达不到就很沮丧。"他现在都把自己看成猪了，做多少是多少，他就放松了。"王川说。

"他以前是朱熹，现在是王阳明。"毕胜历数金山数款长不大的产品。"很多公司不懂得做网游的时候，大哥（指雷军）已经做了《剑侠情缘》。周鸿祎还不知道什么叫杀毒软件的时候，金山毒霸已经垄断中国市场了。但是为什么这些产品都没起来？从根源上，太不了解人欲了。人欲就是贪便宜，周鸿祎把杀毒软件都免费了，收费和免费之间，人欲肯定就奔免费去了。"

"现在小米每次发布都是全世界最好的配置，只卖1999元钱。性价比啊，这就是人欲的一种。"毕胜说。

人前人后一个名儿

在周鸿祎眼中，雷军的每一项投资都经过了深思熟虑，然后才付诸行动。周鸿祎进入天使投资领域的时间更早，雷军曾经和他探讨投资之道，两人还共同投过一家语音软件公司iSpeak。"我觉得天使投资是一件感性的事儿，他做天使投资比人家做风险投资还严谨。他说你要去思考，要研究这几个方向，要做功课，要看趋势。"周鸿祎说，两人的投资风格大相径庭。"每次跟他谈完之后一对比，我就觉得很自卑，我觉得他做事怎么能这么有章法呢。"

外界对雷军的投资向来有"布局"一说，指的是他的投资风格如他擅长的围棋之道一样连子成片，片中成气，其中自有韬略。无论雷军的个人真实愿望如何，他对于这种说法并不认可，"哎呀，那都是朋友之间帮忙，你就把我当成一个热心的大嫂好了"。

朋友就是熟人。"不熟我不投（不是熟人或者不是熟人的熟人）"是雷军最重要的投资原则。在尚进看来，雷军强调认同，寻求长期稳定的合作关系，他有很浓重的熟人情结，"雷总一般认为如果是朋友就是一辈子的朋友"。伴随而来的，是雷军能够担当朋友的缺点，容忍失败。"他对别人的失败非常宽容，你明摆着的失败，他都说不出口"。

雷军极能给人留面子。"他的信任度是往后打的，开始是百分之百信任对方，对方做败一件事，他的信任度下降60%，第三次是0。从这个角度，他很像美国人，丁是丁卯是卯。"尚进说。

"他几乎不说别人的毛病，除非是他特别熟的人，或者他实在觉得是个问题。他不是不知道，是不说。"尚进记得，雷军在金山时自称是"自己拿着放大镜找优点"。"出来打仗，谁都怕猪一样的队友。雷总首先帮你的partner背书，让你觉得你的partner都是很强的人，大家都得到一个正面激励，觉得在这个团队是很荣耀的事，我在和一帮牛人合作。夸人夸到这个份儿上：给他干活的两个人，第一次打交道，见面都是互相久仰。"

极简时代CEO杨金钰曾经在金山工作3年，担任过金山总裁助理。杨金钰说，雷军识人最重人品。如果没有充分的反证，最初与人接触的时候，他会假设你的所作所为都出于真心。

当被《人物》记者问到雷军识人是否有不准的时候，杨金钰笑了起来："看错眼的事是经常发生的。他看人的原则是什么？是敞开心扉给你一个机会骗我一次。你骗了，这事咱不用再继续了；你没骗，那人很正直啊。雷军跟你打交道，相信你说的每一句话，相信你做的每一件事，直到知道你在骗我。'雷军系'的人都是这样。"

《人物》记者采访到的许多前员工在归纳金山精神时，都将"正派"视为其不同寻常的企业文化。

他们相信，这源于雷军的个人品质，也影响了金山的企业策略。金山原市场总监许晓辉告诉《人物》记者，金山和瑞星在杀毒软件市场长年鏖战不休，但瑞星原市场总监马钢却在和他的一次闲聊中夸奖过金山，"尽管打了这么多年的仗，他说我很佩服金山的一点是，你们所有的竞争手段都在桌面上，没有桌面下的动作"。

"雷军的底线还是相对高的"。许晓辉认为，这也是当年金山做网络游戏拼不过巨人的原因。"那些不好的东西，雷军是下不去手的。《征途》有'强行抱起'功能，男性玩家可以花钱买道具把女性玩家抱起来，说不好听的，那不就是耍流氓吗？这种设计，金山不是不能做，但是它不做"。

"我们认识10年了。我从来没见过雷军坑人，他做的任何事没有对不起别人，虽然也有些误会。"王川说，雷军绝少在公开场合说任何人的坏话。偶尔觉得委屈，会向他发发牢骚，一旦有第三个人在场他便闭口不言。"只有跟我发牢骚的时候，说他帮别人那么多，别人伤害了他。比如说黄章，一直在骂他。但你不会听他说一句黄章的坏话"。

在业界，金山有"黄埔军校"的称号，盛名之外也隐含了徒为他人作嫁衣裳之意。那些在此地工作过又离开的人自称"旧金山",浸淫过"胜则举杯相庆,败则拼死相救"的"抱团打仗"文化。他们中的许多人大学毕业就被雷军点入金山,一同攻城略地,受过他的耳提面命、奖掖提携,也服膺于他的人品和才具。到小米时期,这些22年积聚的金山旧部成长为业界中坚,雷军随之拥有了一群追随他多年、得力可靠的干将。

在与《人物》记者的对谈当中,雷军随口举出一位业内显赫人物的名字,说:"今天他坐在我对面,一定会叫我'雷总',不会叫我'雷军'。"他解释说,这并非是畏惧他的严厉,而是出于认同和尊重之举。这种说法并非夸大其词——绝大多数旧部在人前和人后称呼雷军是同一个名儿:"雷总"或"老大"。"雷校长"则是旧金山聚会时不可或缺的话题。

多位事业有所成就的旧金山人告诉《人物》,自己为人处世的原则和安身立命的本事全系雷军所授,独自行走江湖后"我们都是在吃老本,往外吐,当时学的架子就够用10年"。

黎万强对金山干训班记忆犹新——这一针对中层经理的课程两月一期,由雷军亲自授课,包括如何商务着装、如何会见客户、如何看懂财报等内容。他用"破冰"形容干训班给10年前的自己的影响。"他教我们,管团队、管业务、管自己怎么管?管团队要将心比心,管业务要身先士卒,管自己要以身作则。"黎万强开玩笑说,雷军告诉他管理之道分为国民党打仗和共产党打仗两种,一个是"兄弟们,给我上",一个是"兄弟们,跟我上","我们肯定是共军的打法。"

顺势而为

或许从起名上可以窥见雷军的心态变化：从挟开天辟地之势的"盘古组件"，到有出人头地意味的卓越网，再到不过是寻常口粮的小米和顺为（即顺势而为）基金。

如今不再追求名正言顺的雷军扬弃了过去自己了然于胸的管理方法。小米不打卡、没有KPI考核制度、除了每周一的例会之外很少开会、组织架构极为扁平——只有8个合伙人、teamleader（团队领导）和工程师三层，晋升的唯一奖励就是涨薪。这样的层级设计鼓励员工不去考虑人事职级，全心扑在事情上。

"小米就是不想做一家大家看起来管理得很好的企业。看起来管理得很好是很容易的，管理的真谛是什么？高效率，高成长。"雷军说，"我们找一帮有责任心的人，有经验的人，要什么管理呢？放手让大家干就可以了。"

两周前，雷军找到王川私下抱怨了40分钟，概括起来就一句话：小米盒子的包装太难看了。

"我听了半小时，才明白他说的是塑封的分界线没有居中。他说苹果能居中你不能。我想99.99%的人都不会关心塑封那条线，何况还不是直不直，是居不居中——你拿个小米盒子，撕了，打开，根本不会注意到侧边那条线。"王川说，他看得出雷军有时候不喜欢自己的产品设计，但会克制自己，尽量不表达出来。"在小米我们雇佣了一群世界级的人才，你雇佣的不光是他们的手，更是他们的头脑,你得容忍他的想法跟你不一样。这方面他做得比在金山好很多"。

雷军从一开始就打定主意,要打破手机行业的游戏规则,用互联网的方式来做硬件。2010年4月6日,小米科技完成注册。4个月后,小米发布了第一款具有战略意义的项目:MIUI,这是一个基于Andriod(安卓)深度定制的手机操作系统。区别于传统封闭式的研发,MIUI每周都会根据用户反馈更新版本,积累了大量的粉丝。截至2013年12月,MIUI拥有3000万全球用户,支持23种语言,构建起以小米应用商店、主题商店以及游戏联运为代表的软件生态体系,月营收突破3000万。

2011年8月16日,这一天,雷军发布了"小米"一代智能手机。他借鉴了已故苹果公司创始人乔布斯的很多风格——身穿牛仔裤和深色T恤,亲自主持嘉年华般的产品发布会,精心策划的现场演讲。当他宣布1999元的低廉售价时,台下的"米粉"兴奋地尖叫起来。

新模式取得了显而易见的成功。得益于其性价比和身处中国这个全球最大的智能手机市场,网络直销的小米手机广受欢迎,供不应求。2012年,小米卖出了719万台手机。2013年,这个数字上升到1870万台。2014年,小米承诺至少供货4000万部手机。市场研究机构Canalys的数据显示,2013年第二季度,小米在中国的手机出货量超越苹果,位居国内市场第6位,夺取了5%的市场份额。

周鸿祎仔细地研究过小米的商业模式,自诩为雷军以外第一个参透其秘密的人。他用8个字评价小米的成就:"没有对手,一骑绝尘。"

他定义小米的模式:互联网硬件。传统手机厂商卖手机是把硬件卖给客户，卖完后从此两清，再发生关系就是维修环节。小米卖手机，硬件不再是一个孤立的生意，购买者既是客户又是用户，卖完后彼此的关系才刚刚开始，小米可以依靠内容和服务吸引用户持续消费。而且，小米把电子商务作为主要销售渠道，节省渠道成本，主打性价比；凭借MIUI细腻的软件界面，让用户获得媲美iPhone的用户体验；利用社交网络营销，取得远超线下的传播效果。

以上几点对于传统手机厂商几乎不可想象。3年前，周鸿祎曾经想找一家厂商联手阻击小米，拜访了一圈下来才发现做不到——当他口沫横飞地讲完小米模式后，大家只会很疑惑地看着他，让他觉得自己很傻。"手机厂商绝大多数太成功了，活在过去，不愿意承认这个趋势。一台手机本来赚1000元，这1000元要分到渠道，分到零售，你跟我说卖硬件不赚钱了，在你那儿下载一个软件一块钱，靠这个赚钱，有没有搞错？"

"自宫"是周鸿祎近来偏爱的一个词汇，他用这个比喻形容传统手机厂商向互联网转型的艰难和痛苦。"当你一年几十亿、上百亿的收入来自于这个领域，让你把今天卖手机硬件的收入全部放弃掉，你能做到吗？不放，你可能会丢掉未来。放掉，你可能死。你知道宫自己和被别人宫有什么差别吗？就是宫完了，刀在谁手里的问题。"

周鸿祎用"看不起、看不清、看不懂、看不见"概括传统手机厂商眼中的小米——3年过去，小米与其他手机厂商的距离日渐拉大，如今前者烟尘滚滚，后者难望其项背。

互联网公司陷在自己的业务之战中，拔不出来。传统硬件公司没有互联网基因。小米在这两者的结合部看到了一个非常大的空间。"雷军在金山时期，他只是根据过去看现在，所谓'过去'就是总结微软怎么成功的；他在投资互联网的时候，投得不错，但是也没有被证明特别有远见。但是小米这件事，我认为他确实站得比我们这一代互联网企业家都高，看得比我们所有人都更远。"周鸿祎说。

制度自信

雷军仍然保持着早年形成的工作强度。他说，自己每周工作6天，每天工作14个小时，"除非天塌下来了，星期天他是不工作的"。王川介绍，雷军会在这一天陪伴家人，教自己上二年级的小女儿数学，并要她教自己英语，引导女儿学英语的兴趣。尽管每周仅休息一天，雷军有时也会感到别扭，偶尔会打电话给王川，邀请他带上女儿去家里做客。"我就知道他要和我开会讨论事情。"王川说，雷军不好意思直接在周日说工作，"他情商很高，会考虑你的感受"。

在与他相交多年的人眼中，雷军为人谦逊，举止可亲，又十分敏感，渴望受人尊重，期待为人敬仰。

凡客诚品CEO陈年在雷军身上看到了"特别难做到的善意"，"善意的前提是你要同情"。2005年，为了求解内心的难题，陈年丢下"我有网"的经营，花了8个月闭门写作自传体小说《归去来》。尽管"我有网"中有雷军的投资，陈年的做法有失职业，但雷军在陈年"自我清理"的这段时间里没有提一句有关生意的事，"这肯定是最大的理解和同情了"。书写完，出了，陈年送给雷军，雷军说了一句话让他至今难忘："他说，其实你经历的这些我也在经历。这真是一句特别重的话。"

方兴东感觉，雷军心思很重，一些无心之举也会伤害到他。2000年，有一次雷军来找方兴东，正赶上方兴东在接一个投资者的紧急电话，让雷等了半个小时。这件事让雷军10多年一直耿耿于怀。"每次一喝酒，他喝到一定程度，必然要说这个，起码给我讲了5次。我每次说，好了雷军，这个事情说到这里就忘掉吧，是我不对，但是你看他就忘不掉"。

尚进记得，在金山开发网游《封神榜》时，雷军批评他不够身先士卒，影响团队凝聚力。"说你没给兄弟们做表率，人家都加班到两点，你为什么不在？"尚进说，尽管说的是事实，但雷军在10年之后说起这件事仍会往回找补，"他觉得当时批评重了。说重一次，在乎10年，你可以想象他是多么在乎这个东西。我觉得批评人对雷总的伤害比被批评的人还大"。

周鸿祎回忆，两人在20世纪90年代相识时，一次坐在雷军的车里聊天。周鸿祎说雷军做的"盘古组件"不好，雷军有点生气，表现为闭口不言，看着窗外开始抽烟，场面一时很尴尬。"后来我才知道'盘古'是他第一次滑铁卢，结果我就拿这事批评他，他肯定会觉得很难受"。

"雷军太在意别人对他的评价了。你越在意，越要把自己描绘得比较高大上，你就比较累。唯一我比他强的，就是我脸皮比他厚，不太怕别人骂我，或者骂我，过去了，就算了。"

周鸿祎解释说，雷军最早在中关村出道，受柳传志等中关村第一代企业家影响，他追求的不仅是事业有成，为人处世上也力图成为楷模。

在金山期间，雷军要求下属周一到周四穿正装。这在很大程度上是向当时的竞争对手微软看齐。"他希望学到对手的长处。"金山前总裁技术助理尚进说,"他很讲究气质。外边的人说我们,金山是个二三流公司,但有一流的气质。"曾是金山总裁助理的杨金钰说在一次产品发布会前,雷军批评连他在内的3位员工着装不当,嘱咐他们去百货商场选购西服。"他说,只有两种颜色可以选:蓝色,黑色。你看你,还穿紫色"。

今天,小米3年来连续的成功让这个原本拘谨的人重新舒展了开来,雷军开始更多地穿着休闲服,也不再要求统一着装。"现在的小米和当初的金山比,小米更自信了而已。制度上越来越自信,今天我相信我是对的。"尚进说,"那时候金山也没上过市,也没向行业证明我们多能赚钱。你凭什么说你这些都是对的?也许金山错了,我们是因为土才这样。但是到了小米,它不会觉得这是土。"

张朝阳与雷军"以前交流很多"而"现在不多",《人物》记者请他评价雷军,他说:"雷军属于新贵啊,新贵。他以前不是那么贵,'啪'一下贵了。"

令人好奇的是,当小米获得连续成功,这位"新贵"是否也为他所取得的这一切有过骄傲不自胜的时刻?王川说:"他有一次问我,小米现阶段的风险是什么?我说唯一的风险就是你头脑发热。但是他没有。"

"他跟小米的所有人都这么说:做猪,我们都把自己当猪。"

马年的春节,雷军和家人在美国加州的太浩湖度过,他滑了5天雪——这几乎是他在生活中唯一放松自己的方式。滑雪有"小白粉"之称,能力越强越是追求速度感。有人评价,雷军滑雪风格激进。雷军不以为然:"我滑了8年雪,从来没摔伤过。"

辑二

PART 2

雄心

...

心怀梦想，何畏远方

李连杰

//

马云和我
为什么要做一部
关于太极的电影?

"奥运会有日本的柔道,韩国的跆拳道,
为什么没有中国的项目?"
这个李连杰思考了近20年的问题,
终于能够给出自己的答案,并借助《功守道》公布于世。

这可能是电影史上最独特的一部武术题材的电影了。阿里巴巴创始人马云公布电影海报，而他本人是电影的男一号。制作阵容也可载入史册：功夫巨星李连杰担任制片人，文章做导演；参演的演员不仅有太极爱好者马云，还有吴京、甄子丹、邹市明、托尼·贾等明星，武术指导则是袁和平、洪金宝和程小东。

如此多的动作明星聚在一部20多分钟的短片里，是从来没有过的。从制作成本上来看，《功守道》可以说得上是每分钟投入成本最高的一部短片。李连杰透露，片中所有演员包括他自己都是零片酬出演的。

电影《功守道》海报

他解释,《功守道》里面的中国演员都将弘扬中国武术、中国文化,视为自己义不容辞的责任和义务。

在《功守道》里,李连杰扮演的是一名扫地僧,他希望自己在推广功守道过程中就像扫地僧,扫清障碍,为后来的人铺路。

功守道是以中国传统武术太极为基础发展出来的一项全新的运动项目,"如果把推手看作太极的2.0版本,那么功守道就是在推手上再升级的3.0版本"。

在推广太极和中国文化的这条路上,马云和他有着共同的梦想。不同的是,马云的作用更像推土机,在前面"推推推",推出一条路。"我们的梦想是未来有更多的人,能够关注并加入到由传统太极文化演变而来的功守道这项体育产业里"。

李连杰的凤愿不仅于此。他的终极目标是将功守道推向奥运会,让奥运会上出现一个带有中国文化标签的正式比赛项目。

"奥运会有日本的柔道,韩国的跆拳道,为什么没有中国的项目?"这个李连杰思考了近20年的问题,终于能够给出自己的答案,并借助《攻守道》公布于世。

武术到底是文化,还是体育?

当今年太极遇到挑战而成为全民探讨的话题时,其中的两个核心问题:"武术到底是文化还是体育?"以及"武术要怎么对抗?"在李连杰的头脑里盘旋了近20年。

2016年里约奥运赛场上,共有五个搏击类比赛项目:拳击、柔道、击剑、摔跤和跆拳道。其中,源自日本的柔道和韩国的跆拳道分别在1964年和2000年成为奥运会正式比赛项目。但是中国武术,却再次无缘里约奥运会,这已经是第三次申请入奥却未果了。

李连杰回忆说,他曾跟奥组委相关人士聊起武术进入奥运会这个话题,大家都说比较难。"人家说用手的我们叫拳击,用脚的叫跆拳道,用摔的叫国际摔跤或柔道,中国武术要算在哪个类别里面呢?"

"甚至奥运申请时连攀岩都比武术分高,攀岩基本上是武术里边最前端的一个练体能的基本功,但是这个项目排在武术前面。"李连杰说。

奥组委的专家对李连杰说,一项运动进入奥运会有几条硬的规则:公平公正、没有性别歧视,有足够的参与人群、加上有足够的传播方式……你去思考这些东西。

实际上,直到去年,这些基本问题李连杰仍然没有答案。练了40多年太极,李连杰已经习惯了借用太极去思考,就是事物皆分阴阳,也必须看两面。"我非常认同我们璀璨的民族武术文化,它有悠久的传承,有优秀的一面,这些我们不用去探讨,因为大家都知道。但反过来看,这其中一定也有问题,我想的是问题到底出在哪里?"对于武术这个太过庞大复杂的话题,李连杰说起来也十分谨慎。

"到底是什么我们没做好?"从2008年就担任中国武术大使的李连杰认为,关于武术有个问题我们一直没弄清楚,就是武术自身的定位。

2001年,李连杰应邀去联合国做演讲,下台之后他被人问到武术到底是文化还是体育。在外国人看来,体育是用来竞技的,文化是用来欣赏的;体育是人人都能参与的,文化是大众欣赏的。

"人家说你这个武术到底是文化还是体育,你不能两个都是,当时这个问题还真的把我问住了。"李连杰说。中国武术一直进入不了奥运会,定位不清是很关键的一点,"我们经常说,中国武术是优秀的传统文化,另一方面我们又要把武术作为体育项目推向奥运"。

在关于太极话题讨论最热闹的几天里,马云问李连杰有什么看法。李连杰认为,他们应该往内在去找问题,外在的问题太大解决不了。两个人商量之后,讨论出一个解决问题的内在办法,就是推出一种武术产品——"这个产品就是功守道"。

既然要比赛,就要有公平的规则

在李连杰的讲述中,功守道有着明确的定位,它不再是一种文化产品,而是基于渊远流长的太极和武术文化传统之上开发出来的体育产品,是一项对抗性的运动。那么接下来他们面临的问题就是,功守道以什么样的规则来对抗?

李连杰认为,缺乏对抗规则正是半年前那次"比武"的不公平之处。他表示,大部分人只看到两个人打了一架,就认为综合格斗把太极给比下去了,但这根本就不是比赛,"既然是比赛,就要有公平的规则"。

他打了一个比方,都是球类运动,让一个篮球选手去和足球选手比踢球,那打篮球的一定赢不了。在李连杰看来,体育比赛尤其是对抗性比赛,一定建立在公平的规则之上,双方选手的体重也要基本相当,就像柔道、拳击比赛分出不同的重量级。

中国武术,包括太极,最初都诞生在冷兵器时代,具有很强的对抗性和实战性。枪炮发明出来之后,热兵器时代到来,武术和太极才逐渐转变为体育项目。

其实,很多现代运动项目都是由冷兵器时代的军事项目演变而来,比如已经进入奥运会的击剑、标枪、铁饼等项目,甚至马拉松也是为了纪念一次传递军事情报的行为发展而来的。

公平之外的另一项原则就是规则要尽量简单明了。"我研究了许多体育竞技项目,发现一项比赛要受观众欢迎,要向大众普及,规则越简单越好,要让观众一看就懂,就像足球是把球踢到门里就得分,篮球是把球投进篮筐就得分,一目了然。"李连杰说。

那我们要如何设计一套简单易懂的规则呢?李连杰介绍,他们组织了专门团队,与来自MMA(综合格斗或混合武术)、拳击、自由搏击等领域的资深人士进行了很多交流和讨论,同时借鉴了太极推手的比赛规则,"等赛事推出后,观众一看就能明白"。

规则有了之后,下一步就是让功守道比赛更具对抗性和观赏性:赛场中央是一个1.5米高的擂台,将对手打下擂台就得分,谁胜谁负非常清楚。此外,擂台本身非常具有中国特色,早就在各种武侠小说和影视作品里出现过,观众也不会陌生。

那么,功守道的冠军和拳击冠军、跆拳道冠军谁会更加"厉害"?李连杰说规则不同的比赛,并不能简单地放在一起来比,就好像奥运会上射击类比赛有气手枪、步枪、移动靶,还有飞碟,

"他们都是射击冠军，你说谁更厉害呢？"

回过头来看，李连杰认为正是因为今年的危机，反而成为一个意外的时机，让他决心将功守道这个产品做出来。"那时候大家都在吵，说有人把太极给打懵了，10秒钟就给打趴下了。当我听到这个消息的时候，我就觉得危机来了，危机来了机会就来了。从商业角度去考虑，我们需要多少资源的撬动，才能让全民探讨一件事。"

至于为什么叫功守道？李连杰说，这也是今年和马云共同探讨出来的。首先是它要有一个概念，也正是因为没有一个明确的概念，才会出现一次比武，就演变出"综合格斗把太极打了，日本人把中国武术打了"——这样荒谬的结果。

而功守道这个名字中没有出现太极、功夫、武术等词汇，也是考虑到这些词都"太大"，本身已有太多含义。李连杰曾说，每个人习练武术有着多种不同的目的，"有人是为了强身健体，有人为了拍电影、拍电视出名赚钱，一大半人是为了自卫，另外一部分人是为了拿体育项目的冠军"。

只听读音，人们会很容易把"功守道"误听为"攻守道"。李连杰解释说，用了功夫的功，而没有用进攻的攻，是因为如果是攻守道，那么字面上看进攻和防守基本上各占一半。功这个词的想法来自马云，他认为中国人相对更注重防守，这是农耕文明所带来的特点，"但注重防守不代表不会攻。功守的意思是要用功夫守住我们的家园"。

用电影来推广太极,是最佳方式

李连杰的主要身份早已不再是电影明星。过去10年,作为壹基金的创始人,他一直在做公益事业。在《功守道》之前,他已经很少以演员身份出现在电影中。但对电影工业的熟悉,让他早就萌生用电影来推动太极的想法。实际上,中国功夫风靡全球本来就与电影密不可分。

"我当年表演了10年武术,每一场一般只有几百位观众,最大规模的一次表演是在首都体育馆,观众也只有18000人,但一个电影就有好几亿人看,这就是电影的魅力,有它的传播力量。"李连杰说。

拍《功守道》这部电影短片,李连杰并不是一时兴起。早在2009年,马云就曾经找到他,说要拍一部关于太极的电影,他想用电影这种方式来推广太极,推广中国文化。马云甚至连剧本和情节都想好了,但后来因为各种事情,耽搁了下来。

这些年,李连杰作为中国武术的形象大使在全球各地表演过无数次太极拳,他也在各种场合与人分享太极禅的宗旨和理念,但始终觉得还差点什么。

他想到了自己十几岁时演的电影《少林寺》,当时很多中国以及外国的年轻人都是因为《少林寺》迷上中国武术,其中还有不少人要到少林寺拜师学武。

"我在美国看到过一份社会调查,说一部《少林寺》影响了中国一代人,培养出一大堆保镖和保安,意思是这些人学武之后只是四肢发达,只能靠身体吃饭,这让我一直耿耿于怀。"李连杰说。他要让大家不仅通过太极强身健体,更能够从中领悟到东方的哲学和智慧,而电影是最好的推广方式。

电影《少林寺》海报

另一个契机则来自马云和双十一晚会。这几年,李连杰作为马云的老朋友,每次都会出现在双十一晚会现场,当他看到直播有几亿观众时非常动心,为此3年里一直向马云争取:"马校长,咱们什么时候能在双十一晚会上推广一下太极文化啊?"

2017年4月,马云跟李连杰说,他向双十一晚会争取到了几分钟黄金时间,应该利用这个时间做一部电影来推广太极。尽管距离双十一只有半年时间,拍一部电影有很大难度,"马云说,不等了,再不做这件事,咱们年龄一天天往上长,等各种条件都成熟了,我们也打不动了,不如今年我们先做个短的电影"。

恰恰在这段时间，新闻里出现了自由搏击挑战太极的风波，更是让李连杰坚定了要做一部讲太极的电影的决心。他在邀请袁和平、洪金宝、吴京、甄子丹这些明星时也说："我们都是练过武术的，希望大家在这个时候能站出来，为中国武术，为太极做点事情，拍这个电影不是为别的，第一是向对中国武术以及传统文化的前辈致敬；第二，同全球的年轻人分享源自中国的太极。"

让中国太极进入世界，奥运是终极梦想

李连杰的人生经历十分丰富，他的身上有各种不同的身份标签。但是，他认为对自己影响最大的是运动员，因为这是他的第一个职业。

早在1971年，7岁的李连杰进入北京什刹海体校，开始了专业武术运动员生涯。

40年后，当运动员出身的李连杰决定打造一个新的武术或者说体育产品时，他发现这件事并不容易。

首先是中国武术经过漫长的发展，已经形成了一个异常庞大的体系。

实际上，就连中国武术界也很难对武术有个精准定义。李连杰介绍，光是拳术，中国至少就有100多种，再算上18种兵器，就连专家都很难把中国武术给讲全了，老百姓就更分不出来，"我练武40多年了，也没弄清楚每个拳种的特色、文化和背景。光是把这些东西翻译成英文就很难了，更别提向全球推广了"。

从文化的角度来看，丰富和多样性都不是缺点，但从传播的角度来看，简单明了显然更有优势。

李连杰表示，中国武术文化和中国饮食文化类似，太丰富了反而成为推广和普及的桎梏。中国有八大菜系，有满汉全席，个个都有特色，都好吃，但怎么跟全世界去分享是个难题。"我问了很多外国人对于中国菜的印象，大部分人能记住的菜不超过10个，也就烤鸭、宫保鸡丁、酸辣汤、扬州炒饭这些。"

李连杰认为，中国武术博大精深，太极文化更是凝结了中国人几千年的智慧和哲学。要向全世界推广功守道的第一步就是"切分"，从中国武术尤其从太极里面找到最简单的部分，形成功守道这样一个产品，用产业化的方式去运营和推广。

李连杰在研究了日本、韩国等新兴经济体的发展历史，以及相应的文化产品在全球传播后，他发现，一般而言，经济体的崛起总是能带动文化的全球化。

20世纪六七十年代，日本经济崛起，日本人把空手道、柔道、剑道做成产业在全世界开花；随后韩国经济发展了，向世界推广跆拳道、电子竞技产业。商业推广的过程中，又将日本和韩国的文化推向全球。

"现在中国已经是全球第二大经济体，全世界都在期待着中国能拿出什么样的体育和文化来分享。"李连杰说。

尽管功守道这个产品是在今年才研发出来，但李连杰已经为此积累了几十年。特别是最近几年，在做了系统的研究之后，他发现文化的复制性不强，能够标准化复制的一定是产品。

李连杰和团队曾到中国太极发源地——河南温县的陈家沟做过调研。在这里，太极拳教练可能只有一两百人，相比之下，全国拿到证书的跆拳道教练有几万人。区别在于跆拳道教学是一个标准化产品，每一个细节都非常清楚，"入门的那些东西可复制、可标准化，非常重要"。

过去几年里他反复思考，易于传播的太极运动产品，需要在太极文化中保留什么，又该舍弃什么。

2017年，功守道终于推出来，李连杰十分期待赛事体系对于这项运动的推动作用。他说希望将来的落地比赛能够分为几个层次，包括一定要有的个人赛、职业赛，也要有俱乐部赛。此外，同时希望能够开展企业和大学联赛，尤其渴望大学生参与比赛。"希望两年内能在10所、20所大学普及落地比赛，不仅仅是中国大学，也希望能够将落地比赛推广到欧洲和美国的大学"。

总之，李连杰希望能够有更多的人进入中国传统文化演变出的体育产业里，收获健康和快乐。他还透露，《功守道》短片推出之后，功守道赛事很快也将在11月正式亮相。2017年8月，太极禅公司技术总监王占海在微博中发布了太极禅运动员招募方案。目前首批运动员正在接受紧张的训练。

让功守道，让太极进入奥运会是他的终极梦想，奥运会已经有几百个项目。"中国有全世界五分之一的人口，奥运会上却没有一个源于中国的IP，这很遗憾"。

李连杰预计，功守道按照产业化的方式去运营和推广，最快有望在2028年冲进奥运会。"不成功也没关系，我会一直为此而努力。而且我做了这件事情，会为后面的人积累经验，让他们少走弯路。"

他说,健康和快乐是全世界所有人的共同愿望,推广中国的太极文化,让大家更加健康和快乐,是他坚持不变的目标,也可以说是梦想。"我还是那句话,梦想我们总是要有的,万一实现了呢?"

于冬

//

不下牌桌

控制、计算、人心、情怀，
于冬在中国电影圈的大佬之道。

人情

采访结束,于冬先生送《人物》记者出门,电梯上来前,他细数着博纳在全国现有的30家影院,样子不像是一家电影公司的总裁,更像手里握着几家店铺的精耕细作的实业者,他还主动介绍一家即将开在西单的电影院。"我看以后还有谁会不给我们片子放!"于冬忽然说。

这话背后有一个故事:2011年贺岁档,博纳的电影《龙门飞甲》被迫提前一周上映,和竞争对手《金陵十三钗》同天,后者的发行公司是张伟平的"新画面"。提档是因为张伟平的恶意羞辱,当时博纳只有14家影院,新画面拒绝为这14家影院提供《金陵十三钗》的拷贝,张伟平放话:电影院里没片子放那叫椅子。"那不气人吗?"于冬说,这意味着博纳院线要开一个星期的天窗。

博纳的对策是把自己投资发行的《龙门飞甲》提档。"你不让我放,我自己放自己的片子。""你几号上,我几号上,你16号上,我也16号上,我还比你早开两个小时。"于冬坐在办公室的沙发上回忆这件往事时还显得很气愤。最终,这场因张伟平引起的恶斗让《金陵十三钗》票房不如预期。事后,于冬忍不住后怕,如果张伟平再提前一周放映,那么《龙门飞甲》的拷贝根本出不来,

"我真的要开一个礼拜天窗,我这丢人丢大发了"。于是,他总结教训:要自建院线。

2011年博纳贺岁档电影《龙门飞甲》海报

2013年,博纳的影院建设因房地产业的寒冬而受挫,影院投资管理总经理黄巍未能完成任务——2013年博纳计划开6~8家店,结果只开了1.5家,有半个在建设中——于冬严厉地批评了黄巍的部门,年年拿"突出贡献奖"的黄巍这次连提名都没有。在公司的颁奖会上,黄巍觉得"很臊得慌"。"我接受不了,接受不了。"他说,"我领导博纳三大板块之一啊,如果我不拿突出贡献奖,这不是寒碜我吗?"

难过了一晚上,已经做好辞职准备的黄巍决定找于冬谈心:"老板,我们俩之间还有信任吗?"于冬说了一句让黄巍觉得顶一万句的话："有！没有你根本没有博纳影院的今天……这件事儿我感激你一辈子。"

听完，黄巍"哇"就哭了。他比于冬年长3岁，提及于冬一直叫"老于""于老板"，和记者讲完这个故事后，他突然改了称呼："于先生的内心还是一个柔情似水的人。"

于冬是北京人，喜欢听评书，据说大学时自己还曾跑到台上讲评书，收钱。很多初见于冬的人都会对他北京侃爷式的谈吐印象深刻：他性格热情、爽朗、极具人情味，天生给人亲切感。

香港人陈永雄现任博纳首席运营官，之前在寰亚负责全球发行业务。从2002年开始，他每月差不多有10天待在内地，基本每次来北京，于冬一天到晚会陪着他，"事无巨细他全都告诉我"，这种聊天本身掺杂着一种中国式的人情交往，于冬每个月工资多少，公司新进了哪些人，于冬的家人情况，到最后，陈永雄全都知道了。

博纳旗下签约艺人叶璇也对老板的务实和"人情味"倍感亲切，经常有影视公司的老板问她，剧组的车为什么一天要加100块钱的油，这么多？"这种外行的老板他就不知道这个车要在剧组中间是要转来转去转景啊，接人啊，甚至有时候演员要求休息，天气很冷，车就得开着空调让人家坐在车里休息啊。"叶璇在接受《人物》采访时说，经常跑片场的于冬就从不问这种"奇怪"的问题。

哀兵必胜

对待合作，于冬以一种更长远的方式看待。2008年底，博纳投资方红杉资本受到金融危机的影响，红杉的一个经理特意跑来北京嘱咐于冬，雷曼兄弟已经倒了，你要准备好过冬的钱。"听完这话之后，我心里哇凉哇凉的"，当时，他刚签下尔冬升的《窃听风云》，尔冬升体谅地问于冬，3个主角你要觉得贵可以减一个，"刘青云、古仔（古天乐）、吴彦祖"。于冬想了一分钟："不行，这3个我都要，海报拍出来会有气势。"他说，这个坚持让博纳又拍了3年——《窃听风云》第二部、第三部，当时如果放弃一个，可能都没有之后了。

2011年博纳电影《窃听风云》海报

于冬擅长打心理战、人情牌，注重在一个人失败或对不起自己的时候，继续给他机会，这会让别人更加为他卖命。

4年前，和《泰囧》同档期的《大上海》是博纳近两年最惨痛的失败之一，于冬赔了很多，博纳本来持续低迷的股价创历史最低：3.8美元。

2012年跨年夜，于冬通过博纳官方微博发言，感谢了导演王晶及主创人员，把票房失利归结于博纳的排档。"我把这个事都揽下来了。"于冬说。当晚，导演王晶、监制刘伟强、主演周润发纷纷给他打了电话。"他是想把责任一个人担了，我觉得不应是这样。"王晶接受《人物》采访时说，"大家都有责任。"

第二年，王晶告诉于冬想拍《赌神》。于冬调侃他，发哥就这两样看家的东西，你这两部戏要是把他都拍"死"了，就彻底结束了发哥未来的发展空间了。王晶向于冬保证，拍喜剧，要相信我。

当时博纳的投资者不同意起用王晶，一个股东扬言要动用一票否决权，理由是："你还找这个人？"面对投资者的质疑，于冬特别提醒大家注意主创班底"愧疚的心情"。"现在他们是主动说，于老板，我们当年对不起你，我们再给你拍一部。他们带着这样的一种翻身的心态在跟你一起拼命，他们不好意思加钱了，要减片酬"。

那是一场激烈的争吵，于冬和《人物》回忆，吵完后自己觉得都缺氧了，回到会议室，"我坐在沙发上喘了半天"，嘱咐下属，谁都别进来，让我休息一会儿。

最终改名《澳门风云》的《赌神》在春节上档，收获5.2亿票房。这个结果让王晶对于冬更加感谢，表态要接着拍《赌神》第二部和第三部。这次他亲口答应于冬，博纳的电影自己永远会竭尽全力。"博纳还是我在内地电影公司里比较亲的一家，有点像娘家了，其他公司不是不用功，可是回娘家我还是亲切一些。"王晶非常感谢于老板对他的敬重："我每次跟他商量一个戏，他都像是拍档、朋友一样，无论是全部他投，还是我们分别投……其他公司的老板，那种宾主的感觉会强一些；跟博纳合作呢，大家就是兄弟般,尽量把事情做好,于老板也从来没有架子。"

相信哀兵必胜的于冬也必然是擅长抄底的高手。2009年,徐克的《深海寻人》和《女人不坏》接连赔钱。徐克最低落时,于冬提议徐克为博纳拍一部自己最擅长的电影,有大侠、武打、特技……最终,投资2亿的电影《龙门飞甲》用5.7亿的票房证明徐克"廉颇未老"。而后,徐克又接连为于冬拍了电影《智取威虎山》并监制了电影《三少爷的剑》。"男人的情谊是不需要讲出来的。"于冬得意地说。他和徐克如今已经信任到签合约时不需要谈钱,直接把电影名字改一下就可以。

失败的英雄

谈到为何能准确抓住人在失败后的决心与对机会的珍视,于冬将之归结为他对历史上那些怀才不遇、含恨而终的悲情英雄的热爱。读那些故事时,他会不由自主地将感情投射其中,比如被凌迟的袁崇焕、被"乱棍打死"的韩信、在病榻上把小女许配给政敌的李鸿章。"我对那些失败的英雄是有一种特殊的悲天悯人的关注。"

面对这些失败的英雄,于冬感同身受。16年前,他决定下海单干时,淘第一桶金的内心动力来自于离开国企后想"争一口气"的决心。最初,他是北影厂一个普通的发行员,那是20世纪90年代中期,发行员的主要工作是跑全国的各条院线,和现在院线与发行公司固定的分账模式不同:"过去是要靠订拷贝卖钱,基本上每去一个地方就是喝酒,一杯酒就订一个拷贝,就是1万块钱。你多订我几个拷贝，我就多喝几杯酒。"于冬曾在接受媒体采访时说。陈凯歌跟于冬一起跑过《和你在一起》的发行，"于冬挺有意思的，每天背着个拷贝哪儿都跑，哪儿都喝一顿大酒，从早到晚都要喝三顿酒，谁受得了？这叫推销员之死"。

与于冬同级别的影业大佬，有"卖盒饭的"，有"卖水产的"，有"开夜总会的"，于冬是少有的从北京电影学院毕业、在体制内做过发行的科班出身的专业生。

美好的记忆在2000年前后北影厂和其他几家影视单位一起并入中影后中止。当时，于冬已经是副科长，"26岁当科长，我算我到50岁起码应该当了一个部级干部了吧"。然而，北影并入中影"属于非嫡系收编"，小他两届的师弟取代了他的位置，"我好不容易当个副科长还让人给取代了"，这给了于冬非常大的打击。

1999年，于冬决定下海，那个时代，很少有民营公司愿意做发行，每年拍的国产影片绝大多数躺在片库里。于冬瞄上的第一部电影是王志文和江珊主演的《说出你的秘密》，当时已经拍完3年。于冬私下找到导演黄建新，说："反正我先给你30万作为定金，做不成做得成，你就相信我一次。"30万——这是于冬当时的全部身家，之后，他又借钱洗拷贝、发行，最终靠多年积累的人脉关系，《说出你的秘密》收获1000万元票房，于冬赚了50万元。

博纳真正崛起在2001年发行内地、香港的合拍片《我的兄弟姐妹》。当时内地的电影资本市场刚刚开放，此前，香港发行公司靠卖劣质母带给内地的盗版碟商，一部电影赚50万。于冬让这部200万成本的电影获得了2000万的票房。制片人文隽回到香港，告诉同行三个字"分到钱"。陈永雄当时在香港的寰亚集团担任全球发行总经理，讲起这件事，他现在都很惊奇："你想想啊，我们的基础是50万人民币……现在不止过百万,你都肯定会觉得要认识这个人。"很快,于冬在香港电影圈声名鹊起,他是第一批被香港电影人认识并信任的内地影业老板,这也就不难理解为什么现在的香港电影大部分由博纳发行。

根红苗正的于冬对"第一"看得很重,他主动和《人物》介绍自己是第一批入队、入团、入党,在电影学院第一批提干,中国电影发行市场向民营企业开放后他也是第一个拿到牌照的:001号。直到现在,于冬还保留着北影厂的编制,身份算"劳务管理的群体"。他心里怀揣"一个很大的心愿","我做好了,我还得回来呢,给我官复原职"。

他曾多次跟前中影集团董事长韩三平提议,中影集团应该恢复北影厂的厂标。"全国电影制片厂的厂标谁能用天安门啊,就北影厂,工农兵、天安门,也是北影厂这么多年几代人培养的一个品牌"。

韩三平回复:搞得你跟北影厂厂长似的。

精打细算地争夺

2010年博纳上市,于冬需要上台发言。之前公司已经帮他写好了发言稿,他一直没有表态。陈永雄记得到上市那天,他们6点半起床,7点15分出发去纳斯达克交易所,8点半上市,直到8点15分于冬才把500字的稿子改完,陈永雄在现场帮于冬把稿子翻译成英文,他总结老板的做事风格,那就是"决定决定决定","他永远不拍板,永远在拖"。

这恰恰也说明了于冬爽朗外表之下的真实性格:每一件事都在可掌控的范围内进行精细的思考和计算,在中国电影资本市场狂飙突进中,他是一个绝不会轻举妄动的老板。"他从第一天开始进这个行业就在算这笔账,他算了15年了。"陈永雄评价。

谨慎与计算也让于冬错过了近几年一系列新导演的爆发,比如郭敬明、赵薇、徐峥,因为他有个原则"做熟不做生"。

2014年,于冬终于决定做一件看似冒险的事,投资韩寒的《后会无期》。2014年3月,他主动摸到舟山群岛,在片场吃完饭时,他对路金波、方励和韩寒说:"这里又有图书界的大腕出版商,又有制作大腕方励,还有韩寒的这么多年累计的这样的粉丝关注度。你们这里边就缺一个发行,我来做这个发行,给你们保驾护航。"于冬开出了最高保底:3.5亿,高于他的竞争对手光线和华谊。

"我不敢相信,因为韩寒不是郭敬明,没有那种粉丝疯狂的劲头。"刘歌说。他现在担任博纳的发行总经理,此前是万达的院线负责人,听到这个价位后,他和其他高管都"震惊了",2013年暑期发行的《小时代2》票房近3亿,《小时代1》也不到5亿。

以这个叫价拿下了《后会无期》后,于冬又开出了一个条件:《小时代3》定档2014年7月17日,那么《后会无期》要定档2014年7月24日。"晚他一星期必须上映,两个片子绑住一起宣传"。于冬算计好了营销策略:郭敬明和韩寒两个人不能分开,放在一起PK已经是多年来一个喜闻乐见的社会话题。

制作人方励表示停机时间在2014年5月底,2014年7月份上片根本赶不及。韩寒也不想和《小时代》一起宣传。"我说方励没关系，3.5亿保底，7月24日上片我给3.5亿，片子晚上一个星期我减一个亿，大家一块儿赌嘛。你8月8号交片，没问题，1.5亿保底"。于冬再次玩起了心理战，路金波听完率先表态了，"那还是听于老板的吧，3.5亿"。从那一刻开始，韩寒几乎就没有休息过一天，边拍边剪，每天工作到夜里3点。即便如此，还是发生了让于冬郁闷的事，路金波在后来成为于冬时间表里最漫不经心的人。交片前，路金波跑去巴西看世界杯，"他说，我是梅西的粉丝，阿根廷如果进不了决赛，我10号就回来，如果进了决赛，我必须13号那天看完决赛我再回来，2014年7月24号上片，2014年7月10号交片，这是我最后的时间表"，路金波果真看完决赛后14号才飞回北京，"你给我气得"，于冬说，他对路金波说，"你是最厉害的"。

2014年7月在博纳影院上映的《后会无期》海报

不下牌桌

"他基本上是没有去做那种过激的行为,一直还是在体制内是一个听话的民营企业。"影院投资管理总经理黄巍告诉《人物》,博纳坚持做国产电影,而且做主流商业国产电影,"我们没拍那些乱七八糟的片子"。所谓"乱七八糟"是指"触犯整个管理体制"的电影。"我觉得于老板认清了一点,在中国,电影这个行业,有很多电影可以出光盘,但是不可以上大银幕,为什么?就是国家对电影这个控制还是蛮严的,就是主流的这个阵地"。

这种态度也为于冬获取了主流的信任和某种程度的宽容。2013年王晶的《澳门风云》面临最严重的危机是剧本过审,这是中国内地的第一部涉赌片,剧本中提到的事是禁忌。王晶当时已经绝望了,计划改拍别的,但于冬表现得很坚定,他跟几个负责剧本的领导一场戏一场戏地过,"我觉得凭什么不让我拍呀?……你觉得哪场戏不行,我改。他们看我这么坚决,说,于冬,你行不行啊?我觉得又要赔一个亿了"。

于冬善于也乐于为电影中每一个具有商业价值的卖点争夺到最后。12月底上映的《智取威虎山》结尾:杨子荣追击座山雕到地道,结果里面居然有一架飞机。原本要将这段戏剪掉,理由是"篡改红色经典",座山雕怎么有飞机呢?他怎么那么厉害?

在于冬的极力争取下,这件事以一种非常欢乐的方式解决了,这段戏被放到了彩蛋,不但"1600万预算的4分钟完整保留",还为这部电影创造了一个绝佳的营销话题——"史上最贵彩蛋"。于冬几乎是迫不及待地第一时间向《人物》分享了这件得意之事。

冯小刚曾评价于冬：他从来没有跟谁玩掰，意思是于老板情商高、能忍人、能扛事。于冬很满意这个评价，他把拍电影视作一场牌局：只要我不下桌，就有翻牌的机会。

在圈中，于冬朋友众多，他几乎很少与他人主动交恶。2014年，博纳的《智取威虎山》和姜文的《一步之遥》同在贺岁档，于冬坚信这两部电影不可能产生恶意竞争，"我们不会打的"，他和姜文是老交情，"我们心中都有对方"。

于冬喜欢以"人情"思考关系，但电影在本质上是一门生意。2010年，他投资的《十月围城》让陈可辛摘得了香港金像奖最佳导演。然而第二天，陈可辛在接受采访时，昭告天下跟投资方于冬不再合作："如果你想赚更多钱，那就意味着演员的片酬要更低，制作成本要压缩，这个我觉得很难很难，因为我觉得那样的话，我就保证不了水准。"

博纳首席执行官陈永雄认为陈可辛大概是觉得于冬太抠。"陈可辛其实某种程度上看到自己的痛苦，他没看到我们的，"他回忆，这部电影是博纳最难的一部，"钱的调度非常痛苦。"当时，于冬四处"化缘"，江苏、湖南、广州……他甚至从一个在家自建小电影院的狂热电影爱好者那里拿了2000万，加上从银行贷的5000万，终于凑够投资。电影拍摄过程中也遇到诸多困难：拍摄基地老板封景、导演中间生病、演员超期等。

事后，于冬不发一言。面对陈可辛的分手，他相信他为导演已经尽了全力："我当时是倾其所有，就是兜里有100块钱，我全给你了。"

他不会放过我的

《人物》记者说起要多做些外围采访时，博纳的品牌总监推荐前中影集团董事长韩三平，于冬在一旁念叨，跟他不就是聊聊他以前如何领导我的事吗？

即便如此，于冬还是亲自给韩三平打了个电话，已经退休的韩三平没有接受采访，但表示可以引用自己说的以下几句话：于冬是一个有情怀、讲义气、做事认真勤奋的电影人。中影这么多年来，这样认真做事的人不多。

于冬的勤奋、计算、长情、专注在2014年获得了井喷般的回报，新年档《澳门风云》，暑期档《窃听风云3》《后会无期》《白发魔女传之明月天国》，贺岁档《智取威虎山》佳绩连连。

于冬说，《智取威虎山》上映前，作为华谊的投资者之一，马云问于冬2014年博纳在中国电影市场做到多少份额，于冬回答，"30亿"。于冬记得马云回复他："回去给他们（华谊）开会，我们华谊怎么输那么惨呢？"

然而，华谊股票的市值依然是博纳的数倍，截止到2014年12月19日，华谊市值为340.10亿人民币，博纳约合27亿多。2014年11月19日，停盘两个多月的华谊忽然宣布定增，阿里、腾讯、平安和中信建投4家公司共斥资36亿人民币，华谊的市值一举超过了光线。

华谊的电影市场份额不高，但却有人追投，谈起这个话题时，于冬明显认真了起来，"华谊已经不是我们电影圈的华谊，华谊是中国企业家那个圈子的华谊"。他把华谊更受投资者的青睐归结为王中军、王中磊的跨界社交能力。"我还是这个电影圈子的,我还没有变,所以我可能是一个电影学院出来的……不是一个资本高手?"

于冬认为博纳被资本市场严重低估了,谈到其他影业公司的老板时,他看不惯他们"太吹自己的业绩,往往把我们贬低来抬高他们,说博纳是1.0版,他们是2.0、3.0"。他强调自己是一个具有情怀的中国电影人,也很不理解那些把目光放在本土电影市场之外的大佬,"中国本土电影市场那么好,他们为什么不好好耕耘呢?"

最近,于冬又回到长江商学院读DBA(工商管理博士,学期5年)。"我那些同学都是冯仑啊,沈国军啊,那些业界的企业领袖。"于冬希望进入一个广阔的社交圈,另一方面,他计划退休后回北京电影学院教书。

"我觉得我今天说了这么多,你们这个文章,我可以送本杂志给马云,他对我了解太少了。"聊天时,于冬一手持烟,一手上下做着手势。每说完一段故事的起伏他就会再点上一支。采访进行了三个多小时,已经到了夜晚,整座写字楼非常安静。此刻,于冬的语态、表情以及在空气中扭动的香烟就像被电影慢镜头处理过一般的清晰:"他(马云)要知道我这么多事情的话,他不会放过我的。"

商人罗振宇

//

随风而变

把自己看做弱者,
从而产生强烈危机感和"死磕"精神
是罗振宇很多时刻的人生主题。

一开始还有点情怀

2014年留在杜若洋印象里最深的是一种巨大的兴奋感。

那年5月，罗振宇与前合伙人申音正式分家，偕《罗辑思维》项目离开，重组团队注册公司。杜若洋记得，那段时间资金紧张，一度靠老板自己垫钱维持。

彼时作为品牌而不是节目的《罗辑思维》，刚完成两期会员招募，正密集地进行社群经济探索。

社群经济是一种运营，这种运营是把喜欢《罗辑思维》的用户聚集起来，和他们尝试各种互动。杜若洋和这家公司很多员工一样，来自传统媒体，他认为最重要的事是"好好做内容"，当时作为一个内容团队，《罗辑思维》还有很多不成熟之处，他认为应该先"让小朋友们抓紧读书"，"我们应该找到更多的好故事、好料支持节目"，补足短板。

但罗振宇不这么认为，在《罗辑思维》合伙人里还有申音和吴声时，这三个人主要做的一件事就是给团队开会，"他给我们开会，和团队开会，逼着我们必须做，他讲运营的重要性，必须做。"杜若洋记得。

2014年6月17日,"事先不告诉你是什么"的图书包,一个半小时售出8000套;2014年7月18日,众筹制作、"找人代付"的"真爱月饼"正式上线,共计售出4万多盒,近300万人参与其中;2014年10月8日,柳传志在《罗辑思维》发布语音,征集"柳桃"营销方案,雕爷、王珂、王中磊等5人回应,在《罗辑思维》平台上线一天,10000盒柳桃售罄。

"我们做一件事爆一件事,做一件事爆一件事,那个感觉太爽了!"现在想起,杜若洋仍两眼放光。一波波巨浪的操盘手,他们是刚搬进新办公室里的二十来人。他们所属的《罗辑思维》公司,有微信用户285万,市场估值已达数亿元。

事后,杜若洋和罗振宇复盘,他们认为遇到的是一个难得的机会。"我们当时确实机会太好了,赶上风口了,第一大的风口是那个微信的风口,就是微信刚起来,然后刚有公众号。"但很难说是罗振宇预料到了风口,逼大家做运营或许是他一贯的死磕风格和危机意识,事实上,放在一年半以前,罗振宇对这件事的预期都低得可怕。

"当时他可不自信呢。"杜若洋回忆,"最开始的时候,罗老师想做一个自媒体,他安安静静的,就没想到做那么大。"他记得,开《罗辑思维》策划会,罗振宇跟他们说,咱们做5年能追上人家《冬吴相对论》,咱哥几个小日子过得就不错,主要这是咱们爱好,咱们做件有意义的事。

《冬吴相对论》由原凤凰卫视主持人梁冬和《21世纪商业评论》发行人吴伯凡共同主持,是当时中央人民广播电台最受欢迎的财经脱口秀节目。视频网站上,单期节目点击量通常在一两万次左右,多的也不过四五万次。而现在,《罗辑思维》的第一期节目在优酷平台上的播放量就达870多万次。

除了微信,还有一个风口就是:2012年,优酷、土豆合并,中国最大的强势视频播放平台出现,并鼓励专业生产内容,"那会儿《罗辑思维》做一期节目,在首页能挂三四天"。

"这两个叠加效应真的非常之大。后台涌入的用户就像潮水一样,'哗哗'地往里涌,我觉得这世界都不太真实,太快了。"如今想起,杜若洋难掩兴奋。

但刚起步时,这一切都还是未知数。带着5万元钱买来的设备,罗振宇、杜若洋和一个摄影师在中关村普天大厦附近的一家咖啡馆录制第一期节目。

一整天才录好,他们出来时天下着又细又密的小雪,罗振宇在路边说了一句话:"老杜,这个事业是一个读书人该干一辈子的事业。"杜若洋感动至今:"我觉得特别有情怀……就是他真的是爱这件事。"

但像很多被他忘我肯定后又不屑地否定的事一样,在5年后,记者在满是隔音层的办公室见到了罗振宇,提及此事,他满不在乎地笑:"你才有情怀,我没有情怀,我是只会干这个,我要会盖楼,我早就当房地产商去了。"见面安排在上午10点,罗振宇已经对着手机录好了第二天要推送的60秒语音。杜若洋说,当年罗振宇没跟任何人商量就决定了60秒的设定。

那时,微博大号纷纷向微信公众号转移。"他们认为把这个微博的玩法挪过来在微信里还能做大号",但罗振宇判断,微信本质上是一种贴身陪伴,要做一个真实的人格。

"罗老师说,《罗辑思维》做的第一个产品是一款叫作'罗胖'的漂浮在空中的虚拟人格。"罗振宇当年的很多话,杜若洋都能一字不差地背下来。

为塑造"罗胖"人格,罗振宇亲自在微信公众号后台回复每一条留言,家庭纠纷、成长困惑、职场困惑,他一答答老长。

有人问他,我上大学,和女朋友闹分手,我不想跟她分,我很痛苦怎么办?罗胖说很简单啊,你在上大学期间,你有女朋友,这本质上是一种廉价的性资源,你舍不得放弃这个廉价性资源。

有人调戏他,你是罗胖吗?他就和人做游戏打赌,验明正身后让对方打开窗子对外喊"我是猪"。

杜若洋说,罗振宇原本不是一个性格温和的人,但他能通过自我节制进行修炼,变成做某件事需要成为的样子。"罗老师是沿着理性的坡往上爬,爬到佛性顶端的那个人"。

在工作上,这种修炼被罗振宇称为"死磕"。

有一次,罗振宇第二天的60秒语音一直没想好,他在办公室沙发上想到3点,不小心睡着了,迷迷糊糊5点醒了继续想。当天还要录视频,他从不用提词器,打一个磕巴从头来过。整个人疲惫得不行,跟杜若洋念叨:"哎呀,我觉得这事儿不可持续,不可持续。"

某种意义上,"死磕"来自一种他对自身缺失的认识:罗振宇最羡慕高晓松,因为他听说《晓说》经常一条过。罗振宇总结,人家有天赋,是天生贵族,自己只能靠努力,是屌丝逆袭。他认为,如果一个人没有天赋但能把一件事做到"死磕",也能达到一种惊人的极致。

做会员以后成了商人

2012年，逆袭是中国社会的主题之一，那一年，正在湖南湘潭卖电动车、高中就出来做生意的年轻人周天祥也在像罗振宇一样寻找"逆袭"的机会。

《罗辑思维》在优酷上线时，这位年轻人正为广告效果不好而发愁，《罗辑思维》成功引起他的注意："视频制作精良，还不打广告，怎么赢利呢？"

2013年8月9日，《罗辑思维》推出了"史上最无理"的付费会员制，分200元、1200元两档会员价。结果，5000个亲情会员、500个铁杆会员6小时售罄，《罗辑思维》瞬间集资160万元，成功获得第一桶金。第一时间购买了铁杆会员的周天祥意识到："原来还能这样要钱！简直是商业的屠龙之术啊！"

这个结果也令罗振宇意外，他在一次演讲中感慨："我对这个社会要负起点责任了。"

这段时间，《罗辑思维》组织了大批基于社群经济的商业实验，甚至发展出了一套话语体系，交朋友叫"建立连接"，聚会叫"思想碰撞"，侃大山叫"线下high聊会"。有商家跟《罗辑思维》合作，为罗友发放福利，简称"罗利""罗丝福"。

2014年初，《罗辑思维》发布"鸡毛信"，号召罗友组织、召唤有爱的餐馆为罗友提供一顿免费的"霸王餐"，罗友们更有机会得到罗胖空降现场。

这也是一次为商家"赋能"的实验,杜若洋转述罗振宇的理论:"未来的一切商业都是有灵魂的商业,没有灵魂的商业会发生恐惧怎么办?他就要外包,他要找个灵魂。这时候《罗辑思维》只需要做一个灵魂,然后商家就会和你对接,租用你的灵魂。"

从结果上来看,周天祥成了"霸王餐"的最大赢家。

"霸王餐"活动发起以后,周天祥开始逐一私信《罗辑思维》中提到的书的作者,最终成功邀请到四位到北京一起吃饭。这次活动使周天祥在社群里成了人物:"要是《罗辑思维》会员有KPI(关键绩效指标),我肯定是前五!"

经此一役,KPI(关键绩效指标)已经无法决定他的工作了。2014年年底,周天祥在包括罗振宇在内的微信群里说起工作不顺,已经认识他的罗振宇说:"小周你发个'会来事'呗。"

"会来事"是"会员来信有事"的简称,是《罗辑思维》在微信上开设的版块,只有铁杆会员才有发布资格。罗振宇提出后,周天祥立即发布了求职信息,他想找一份"互联网产品/运营管理"的工作。

不到一个月,这个没有读过大学的小伙子收到1000多家公司的邀请,他去了100多家公司面试,并在2015年连换4次工作:"我现在觉得自己无所不能,这辈子不愁没工作了。"此时,距离他海投简历没有回音,仅过去6个月的时间。

在这次成就了周天祥的"霸王餐"活动中,罗振宇"空降"成都芭夯兔,在罗友的欢呼和包围中即兴演讲,用6个词总结"我们怎么在互联网时代成功",分别是"禀赋""轻薄""牛×""死磕""不靠谱"和"一定要瞧不起人"。

彼时，罗振宇的一个大热观点是U盘化生存。互联网大大降低了人与人连接的成本，这促使人脱离组织，成为"U盘式的手艺人"——自带信息、不装系统、随时插拔、自由协作。从央视离职创业，他自己就是U盘化生存的典范。

这期题为《夹缝中的80后》的节目播出后，《罗辑思维》后台就有人留言："罗胖，我听了你节目以后特别有感触，我已经辞掉我的公务员的职务了，然后你告诉我，我去当个什么U盘？"

这期节目中提到的正面典范、做PPT课程培训的自媒体人秋叶曾给罗振宇留言，他建议罗振宇应该强调一下，职场新人，先要适应组织化生存，练好内功，才能自立门户。但是"我感觉他对我的观点不以为然"。

而在一位与《罗辑思维》有过深度合作的商业人士看来，态度鲜明的肯定语气恰恰是最适于传播的风格，因为人们倾向于听肯定式的东西，少操心。

这位商业人士想要学习罗振宇这种"顶级聪明"的传播方式，但看到会员把罗振宇视为百科全书，想从他那里找到一切答案，这位商业人士的脑海中浮现出"千秋万代"的教主感。"你可以想象成孔子和弟子。"周天祥描述会员与罗振宇交流的状态。

2015年10月，《罗辑思维》完成B轮融资，估值13.2亿。罗振宇发表文章《有奔头，一起过》，宣布暂停会员招募，但支持会员资格的转让。

那之后的几天里，罗友微信群里会员资格交易红火，有人每天统计会员价格波动，制作K线图，最贵的时候一个会员资格的价格被炒到了6位数。

而现在，会员资格的全部权限是，在《罗辑思维》微信店铺中购物享受折扣。

爬出去就当人，爬不出去就做狗

周天祥回忆起第一次与会员的线下见面会，给他留下最深印象的是罗振宇的真诚，他花了半个多小时与每个人拥抱，"整个见面会差不多三分之一的时间罗振宇都在拥抱，他这种有诚意的姿态大部分名人不能比。"周天祥说。除此之外，首批会员招募还选在"七夕"，以"爱的名义"进行"自由人的自由联合"。

但仅仅两年后，《罗辑思维》业务重点就转向电商，社群在罗振宇口中一下变得不值一提，他认为，从社群中学到最有价值的一点仅是：我应该早点卖书。

关于他的这种突然转变，现在的一位会员早已见怪不怪。"罗老师特别擅长找姿势。"他说，"他这样给到自己的压力会小一些。"

找姿势实际上是一种如果你质疑我，我就干脆更直接地表现给你看的聪明做法。《罗辑思维》与申音分手后，外界时常出现关于《罗辑思维》散伙的猜测和传言。《罗辑思维》干脆创立"散伙节"，一年一度加以庆祝。

2017年4月28日，"散伙节"在郎园园区吃火锅，桌子连成了一条街，啤酒、饮料码得齐齐整整，全公司百十来人围在桌边，涮肉喝酒。两条横幅从楼上垂下来："没节操 有底线 手艺人异军突起"；

"结硬寨 打呆仗 黑天鹅展翅飞翔"。

熟悉他们的人说，《罗辑思维》有个本事，特别擅长把坏事变好事。

比如与王路的纠纷。2015年1月10日，时任凤凰新闻客户端主笔王路发文指责《罗辑思维》未经允许，使用了他的两篇文章，未给作者署名，也没有加上文章来源。

几小时后，罗振宇发布道歉信，除了表示要支付稿费，还包括自罚一天不吃饭、当日内容编辑等调侃表态，他还顺便宣传了一把彼时《罗辑思维》正在进行的匠人如神活动。

一些机构把这封信视为高明的公关案例，尽管当事人王路认为这个道歉不够真诚，也有为数不少的网友表示，《罗辑思维》的道歉信正印证了王路在这篇《罗辑思维，你讲点职业道德好不好？》中写的一句话："和商人谈道德，你是会被羞辱的。"

而说起社群结束，这位曾被供养的"罗胖"难以置信这种质疑："我就是一个乞丐，你打赏给我钱，还要我给你提供服务！天下哪有这样的道理！"

把自己看做弱者，从而产生强烈危机感和"死磕"精神是罗振宇很多时刻的人生主题。

对于出生在安徽芜湖普通家庭的他而言，童年和少年时期意味着"狗洞"一样的时光，就像"上帝给你扔到一个狗洞里……你就爬吧，远方有一个出口，那个地儿叫高考……其他地方没有任何光亮……你爬出去就当人，爬不出去就做狗"。因此，在这种看法下，高考就变成了他生活中唯一值得死磕的事。"上大学之前一切都不重要，没有自由成长，我最重要的事就是高考……所有其他事儿都是扯淡。"

而成年后，在买房上，他同样表现出了这种恐惧。2001年，罗振宇在北京买了第一套房子。"有些人是看这大势已经基本稳定了，慢慢投入进去，而且很快把这个钱付掉"。他采取了一个"很激进的策略"——他不管有多少钱都扔进房子里，能贷款绝不去付全款，超出自己当下财政能力去买房。

在他极端的视野里，买房被他看作"我们这一代人最大的财富机会"。罗振宇的不安全感一直到2003年买下第二套房后才有缓解，他那时想的是，自己一个月怎么也有两三千块钱租金了，觉得这辈子从此饿不死了。

《罗辑思维》第一期节目上线4天后，他发了一条微博，少有地提到自己的生活："我猛然想起一件尘封往事：在考初中的考场上，我把作文题审错了。监考老师看俺长得像功夫熊猫，他很没原则地提醒了我一下。此时距离考试结束只有20分钟，在极度惊慌中我又改成一篇新文，安度此劫。没有那句提醒，我的生活就会滑上另一条轨道。30年后的此夜，我感激之外还有感慨：我们曾经活得那样危如累卵。"

就应该变，不耽误打脸

在2017年年初一场罗振宇叮嘱"内容不要外传"的演讲中，U盘化生存、社群经济和内容电商都已经被他总结为了自己给业内挖的三个坑,而他如今已经逃离了它们,留下那些被他带下坑还在挣扎的人。

"我是在特定时间和我的特定规模下干这件事,我当时干对,你干不对。从这个意义上讲,我给很多人挖了坑。那怎么办?很多人以为这就是坏,我随便他们怎么说。"罗振宇对《人物》杂志记者说。

2016年5月,在《十三邀》访谈中,罗振宇说,自己和4年前比起来,最大的特点是有了道德自信。"我做的这摊事如果将来真的能做成的话,我觉得我最大的贡献不是挣了钱,这点生意在资本的海洋中连泡沫都不是。我觉得我这一生能给这个社会做的最大的贡献,就是帮一代生意人确立道德自信"。

罗振宇直言不讳地总结:"我们做生意挣钱不管他人,是最有尊严的生活。自己养活自己,对身边人负责,是最高的荣誉。"他把"3·15"视为商人道德自信的一场浩劫,尽管在央视时,他连续3年任"3·15晚会"总撰稿。

"听到他这么说,我觉得挺不舒服的,有点被撂在一边的感觉。"郑州罗友圈发起人高磊说。第三批会员招募时,他引荐了200多个会员,"当年就是有很多个像我这样的人,为《罗辑思维》真的是立过汗马功劳"。

事实上,从2015年起,罗振宇基本不再参与会员的活动。对所有会员活动采取"不主动、不拒绝、不负责"的态度,也不再组织"霸王餐"和会员定制旅行的活动。

2016年1月,《罗辑思维》天猫旗舰店正式上线,4天赚了10万元,罗振宇说,那段时间,他的手机刷着各种各样的电商后台,看看过去一个小时又涨了多少,"就像过去天主教卖赎罪券的,银币碰到钱箱底部叮当作响的时候,我的灵魂就要飞升一下"。

罗振宇说,此前的一系列商业实验:"其实就是在探索,在这个基础上能不能做电商。"

而今回过头来,罗振宇又认为做电商是比较痛苦的一段时间,电商与做社群时一样,能够赚钱,但是没有找到可持续的商业逻辑。"创业公司都这样,因为最后市场给你的要求,不是要求你挣钱,而是要求你增长,甚至不是要求你增长,是要求你超越预期地增长"。

而在2017年3月,《罗辑思维》宣布停止免费视频节目,《罗辑思维》变为日播音频节目,只在一款叫"得到"的App上供付费用户免费使用。

《罗辑思维》之所以把节目挪到App上,显见原因之一是,风口已经过去,用户开始分散,很难再以以前的内容,吸引那么多用户。

"大号就是一点点地枯萎掉了,就像秋天来了一样。他们就看着自己的用户在流失,自己的数据在往下掉,然后他们茫然不知该如何而为,就是那些第一代大号,好多现在都是这个问题。"杜若洋说。

而"得到"是罗振宇找到的新方向,他把"得到"的目标定做是新时代的学科知识入口,他把知识服务比作外卖,把远在天边的东西,用一个极低的价格送到用户嘴边。"得到"专栏的老师们相当于后厨的大厨,罗振宇是前厅的服务员。老师负责把菜做好,他来上菜、摆盘、割萝卜花,营造氛围,流水线作业。

2016年11月，《罗辑思维》明确"得到"业务后，原价退出所有投资项目，papi酱就是其中一例。同年3月，《罗辑思维》投资papi酱，并策划了"中国新媒体世界的第一次广告拍卖"，沟通会门票单价8000元，要求竞标公司注册资本至少300万元。广告最终拍出了2200万元的天价。

这一短暂的合作被解读为《罗辑思维》的"始乱终弃"，有网友感慨"Papi酱太尴尬了，新媒体汉献帝"。

在与《人物》杂志记者的交谈中，罗振宇主动提及此事："我们同时投了10个项目，同时决定原价卖掉……是我们想清楚我们这家公司不应该做投资。"

撤资以后，《罗辑思维》CEO李天田在一场演讲中解释此事："如果《罗辑思维》在投资上赚很多钱，这是一种'耻辱'。"演讲内容流传甚广，这一观点被简化为"投资papi酱是我们的耻辱"。

创业前的一次演讲中，从央视辞职不久的罗振宇举王石的例子表达过与脱不花（李天田）类似的观点：王石拒绝靠炒地皮赚钱，因为依靠非核心能力赚钱，会损害企业的核心能力，这也是一种耻辱。

在罗振宇看来，《罗辑思维》的核心业务一直是知识服务，此外的种种，都逐渐成了会阻碍公司发展的存量，需要在迭代中舍弃。

"很多公司死在纠结存量上，我们从来不纠结"。罗振宇不存照片，在双胞胎女儿出生之后清空了藏书。他说自己和CEO李天田每天都把《罗辑思维》当作一个新公司来做："可能一直到我生命的最后一天，我都不会回头看自己这一生。"

罗振宇在多个场合说明拒绝被存量绑架的观点时，最常举的例子是，2013年，自己卖掉了房子和车。

但在今年年初，罗振宇在一场演讲中又说，当时自己确实卖掉了房子："但后半句我没有说，我到香港买了腾讯的股票，实际上，股票比北京房价涨得好，然后，在这一轮房价上涨之前，我又把北京的房子买回来了。"

由此他得出结论："对创业者来说，最重要一条：甭管听谁忽悠你的，责任你自己负，因为，别人不会把他选择的所有维度参数都告诉你。"

提及此事，罗振宇满脸的"我就喜欢你看不惯我又干不掉我的样子"；"我当时一直在说买股票，只不过没有公开说而已……我就算没有这些，我先把房卖了，然后我改主意了，再买了，不行吗？这不是公民的权利吗？"

有学历史的网友说，《罗辑思维》讲的历史内容是知识点比较浅的部分，自己更多地从中获得更有趣的角度。"但是对于一些认知结构被《罗辑思维》所提供的这套东西给全包围的人来说，他就很尴尬了"。

秋叶认为，盲从《罗辑思维》，是没有独立思考能力的人要交的智商税。"你把自己的思考能力都建立在别人的判断上。那你迟早要被人骗一次。就说他叫罗振宇，还是叫王振宇，那不重要"。

周天祥坦率地说，自己一直把《罗辑思维》当做电视剧来看："罗振宇本身就是电视台里做节目的人，不要以为他说的话就是真的，他在演，我们看到的有艺术加工成分，如果把他说的话当成道理来听,去对比着在实践中使用,是会出问题的。"

质疑我的都是傻子

2017年5月18日,"得到"召开今年的春季知识发布会。入场要经过长长的红毯,一侧是一人多高的展板,上面印着"得到"老师们的大照片。罗振宇的照片也在其间。

《罗辑思维》不再是罗振宇唯一的产品,他得到的重要目标是实现"去罗化",他说《罗辑思维》已经找到了做产品的心法,不用担心公司会死了,也不用像刚刚创业的时候——他如同婴儿,每两个小时醒来,大哭一场。

此次发布会上宣布,去年上线时的第一个产品《李翔商业内参》,改版成《李翔知识内参》,由宝马冠名赞助,付费转成免费,李翔本人加入"得到",任内容主编职位。

就在2016年年初,罗振宇在宣布了"罗辑思维天猫旗舰店"正式上线的"合一百川创业加速计划"发布会上,说,广告这种商业模式本身在价值观上面出了问题,就是谁给钱多咱就给谁多曝光,《罗辑思维》从一开始就明白,广告性的收益绝对不能去挣。

"有一家公司让我们微信主文给他们发布一次报告,给我们200万现金,说挣不挣。我和脱不花坚定地说,不挣。然后忍住,我真的就是从卖货开始,一笔一笔地挣钱。"罗振宇言之凿凿。

"别忘了我为什么不接广告,是我不能靠流量来驯化我,在微信公众号环境里你要是接广告，你就会成标题党，你根据流量越来越大、用户数量多、点赞数高你去设计你的内容，那当然会出问题。"罗振宇有点不耐烦地加快语速，像在解释一个再显见不过的道理，"我现在接广告是因为我完全约束住了自己的冲动，那有人多给我一笔钱，我为啥不要呢？"

采访过程中，罗振宇一度试图终止采访，《人物》杂志记者关于各种质疑观点的问话让他厌烦："我为什么接受别人对我的评判？Don't judge me〔不要（用你的世界观，人生观）来定义我是一个什么样的人！〕……如果你让我挡子弹，我真的不想表演这个。"

他早就受够了来自各种系统地评价——从安徽芜湖"爬狗洞"一样高考，到在央视做制片人，被当时的领导排挤。

现在，他只认来自商业维度的评价，因为一切东西都可以自我欺骗，但公司的营业额、用户增长、市值都是不会骗人的。"我内心的进步可以通过一系列的数字体现出来"。

"媒体，它不见得要歪曲事实才能伤害你，它在完全尊重事实的情况下，同样能伤害你。"从央视辞职后，罗振宇在一场对中小企业主的培训上说。那时他还有刘海，也懒得卖萌调节气氛，比起嘟嘴更爱翻白眼，也更接近镜头外的罗振宇接受采访的状态。

这个在央视从业10年的制片人说，每次接受采访都非常谨慎。但即便在与知名文化作家许知远的访谈中，他也明显是占据主导的一方。对于许抛过来的所有问题，他都能在漫漫历史长河中为话题定位，把问题稀释、消解掉，如果完全按照他的逻辑，会有一种说得又多又对，但是好像没有回答问题的感觉。

前几年偶尔得空,他会在微博上把骂他的人亲自拉黑,现在他懒得看了。微信上质疑他的文章他也一律不看:"这是我们网络界'扶贫'的特定方式,夸我肯定没有阅读量,骂我会有阅读量。"

凡此种种,罗振宇总结得言简意赅:"质疑我的人都是傻子。"他也拒绝做出任何回应:"就像你出超市,一个小流氓上来说你偷东西了,你说我没偷,他说那你让我搜身。那你让他搜吗?你让他搜,他没有搜出东西,他就欢呼雀跃地离开,还要嘲笑你。哦,那傻子让我搜了。就是这样,为什么我要回应他们的话呢?"

罗振宇说自己只和用户对话,他每天会看"得到"后台的留言,尽管这也不是他做决策的依据,他信奉的是数据:"你说我是听你的感觉重要还是数据重要?"

善于归纳的罗振宇把人看待世界的方式分成两套系统,一套是立场、感受和评价,另一套是目标、方法和行动。他坚定地认为自己属于后者,并拒绝与前者有任何交集。

一个月前的知识发布会上,两个小时的时间里,"得到"推出了12款付费课程和产品。罗振宇为每款产品找到了独特的定位。

比如薛兆丰的课程,像古登堡发明印刷机一样,用新的科技方式生产知识;学物理的严伯钧讲艺术,像雕塑家米开朗琪罗画画一样,跨界带来惊喜;罗马两个字拆开来看,马是马云、马化腾,代表中国的财富,罗是罗振宇、罗永浩,代表中国的创意,请扫码关注罗永浩的干货日记……

介绍"知识赞助商"宝马:"他们(宝马)盯住了李翔商业内

参和知识内参的用户,他们知道,这样的一批人最宝贵,哪怕从现在开始你还买不起宝马,没关系慢慢培养,大家先攀个交情。"伴着轻柔的音乐,罗振宇带着温暖的笑容:"跟我们一起走,你会有面子,而且有收获。"

或许这种推销时刻,是两套评价系统在他身上联系最紧密的一次。

新东方三马车

真实合伙人

《中国合伙人》电影官方海报

《中国合伙人》这部电影以新东方创始人俞敏洪、徐小平、王强为故事原型进行演绎，讲述三个出身和性格各不相同的好朋友在梦想与现实之间的拼搏沉浮。

"我有一太平洋的话要跟俞敏洪说"

电影《中国合伙人》上映3天后,俞敏洪在自己北京的家中招待了徐小平和王强。约会是提前就定下的,与电影无关。席间,3个人只字没有提及这部被外界解读为"新东方创业故事"的电影。

在和《人物》记者单独进行的几个小时的谈话中,三人分别表达了对电影的看法。

王强和徐小平都声称这部电影很了不起。2013年5月31日早上6点多,王强一个人溜进电影院又看了一遍,他说:"我一边看一边回想往事,想着我们当年是怎么一步步过来的。"第二天,他仍然沉浸在当年意气风发的友谊回忆里,淡化了那些因为利益和观点不同而导致的痛苦争吵。

徐小平则一次次借用别人的好话来评价这部电影:"陈可辛看完剧本以后说,徐老师,您这个剧的人设和中国其它电影的人设都不一样。我问他哪里不一样?他说你这里面3个男主角都非常高贵,非常可爱,中国没有这样的人。"也许是因为俞敏洪公开表达对电影的不满,他急于展示这部电影对原型的刻画是多么正面。

在一间杂乱的并不宽敞的办公室里,穿着灰色T恤的俞敏洪对

《人物》记者重申他对电影的反感,甚至不愿意评价。这个50岁的中国最富有的教师语态温和,为调节气氛他会主动开些玩笑,但说起电影来,每个字都是严肃的。这种反感自一年多前徐小平第一次将剧本送给他就开始了,他当时就表示反对,他说:"我一个字也没看。"此后,电影的导演陈可辛将修改后的剧本送给他,他仍然没有看。

"搬上银幕这件事本身就引起我的反感,电影不能反映一个人的形象,也不能反映一个企业的生死。"这名中国最大的教育机构的董事长和总裁说,至少有两条理由让他不愿意被视作电影里的原型。他不承认电影中自己被刻画的窝囊个性,"否则我不可能做出企业来";他也认为自己是一个"有着各种各样生活的人"。

俞敏洪始终避免对电影本身进行价值判断,但他仍然忍不住对某些细节提出了批评,他承认:"电影中有几个场景还是挺委屈我的。"这些场景包括他在创业成功后提议给自己分51%的股份,"这样两个合伙人当场就会走人,完全不符合企业家的逻辑"。以及电影中的主角成冬青为了阻止上市一个人增30%的股份,"商业中间怎么可能出现这样的情况,永远不可能的"。

"这表明陈可辛他们对商业真正的逻辑其实没有真正理解。"俞敏洪说。他也认为:"整个电影中把我描写成土鳖,我是土鳖一点不假,但是实际上我并不那么土,要那么土的话就不至于有新东方的今天了。"

这是他首次公开指出电影的不足。《中国合伙人》上映后,他的手机一天就收到1000多条短信,来自朋友和那些看过电影的学生。他"出于无奈",在博客上发表了一篇公开回应,但关于电影本身态度模糊。

徐小平对这篇博客文章很在意,声称要写一篇自己版本的文章,讲述来龙去脉。他依旧充满了委屈。

"当时陈可辛说要拍兄弟内斗,我说如果这样我就不搞了。"他说,"在写剧本的两个多礼拜里,我脑子里只有两个人,俞敏洪、王强,他们会怎么看这个剧本。我写的剧本要经得起友谊的审查。"

这些态度本身就足以说明中国企业界富有传奇色彩的三个朋友、合伙人之间如今的关系。他们小心翼翼地维系着友谊,每年抽出空闲的时间进行两三次聚会,偶尔给对方写信。但他们已经不再像过去那样无话不谈。徐小平和王强肚子里装着很多话,对《人物》说了很多对俞敏洪的告诫、批评、感激或思念,他们又常会声明,这些话从未、也不会当面对他讲。

维持这份友谊完好如初的印象是3个人共同的需求。接受采访时,徐小平再三强调,他不希望报道看上去像是他跟俞敏洪的PK,在表达了对新东方如今政策的忧虑后,他也会补充说,这是一个独立的评论者"对一个伟大企业发出的一种杞人之忧"。

但失落是藏不住的。当徐小平眼中的新东方不符合他的发展期待时,他"有一太平洋的话要跟俞敏洪说,但一滴都不想滴出来"。"一滴水见大海,那我得把整个太平洋倒给他,我依然需要这样做,"徐小平说,"问题是,俞敏洪是不是有这个海纳百川的胸怀,来容纳我波浪滔天的献言献策。"

"我们现在的友谊中缺少某种宝贵的东西。"徐小平说。

往日那种毫无顾忌的批评、争论的关系仍然会向现在射出投影。2010年10月,徐小平到哈佛演讲时,给俞敏洪写了一封几千字的长信。他在信里说:我离开新东方以后,不给你写信,是体贴你；今天当我看到新东方有问题的时候，再不给你写信，就是背叛你。

据他说，信写得很尖锐，以至于他的太太和部下都问"俞老师会不会跟你决裂"。过几天，"俞老师回信说，读你的信如沐春风"。又过了几天，有人跟他说，俞敏洪在有上百名高管参加的会上读了他的信，并"呼唤新东方要有这种徐小平的精神"。

透过这封信，他们似乎可以回到二十年前后新东方那些烟雾缭绕、间或传出摔打声的会议室里。

正确朋友

俞敏洪、徐小平和王强经常将彼此的不同性格称作"互补"。这只是事实的一面。

徐小平充满激情，他的演说自30年前起就总能激起人们的欢呼声和掌声。他喜欢战略，用王强的话说："新东方当时的很多战略都出自徐小平。"

王强的理想主义色彩则显得冷静。他读书量惊人（他刚刚出版了一本谈论阅读的新书），"喜欢务虚"，思考理论问题，是新东方创始人中最不愿意接受"励志"教育的一位。

相比之下，俞敏洪并不是那类让人惊艳的精神领袖。他生性温和、坚韧，更加现实和谨慎。一个例子是，他"至今不懂得拒绝"。他承认自己"软弱""优柔寡断"，并且知道这对企业管理有害。

这样的"中国好人"性格往往让另两位受西方文化和现代企业规则影响颇深的合伙人无法忍受。王强说："我从国外回来办的第一件事，不是教学，是帮助老俞开除一个他想开除的人。我非常明确地问老俞的目的是不是让那个人走，他最后告诉我是。那我就按照我的方式来，最后经过3个小时的唇枪舌剑，那个人还要发问，俞老师，王老师的意思是你的意思吗？俞老师说是，他终于走了。"

俞敏洪性格中流露出明显的现实主义。他能跟不喜欢的人合作，"我通常不会让对方感觉到我不喜欢他。"他说，"我处在这个位置，没有办法分明地表露爱憎，否则我就没有办法做新东方了。"

自从1996年先后从国外回来参加新东方之后，徐小平和王强一直希望俞敏洪变成一个"正确朋友"——从善如流、忍耐、伟大。"你不仅要成为柳传志，还要成为蔡元培。"这是王强回国之前对俞敏洪提出的期望。

他们也希望自己成为俞敏洪的"正确朋友"。他们实现的方式是直言不讳甚至是刺耳伤人的批评。他们为自己的批评从道德层面上和公司治理层面上找到了合法性——中国式的"诤友"原则、"绝对权力导致绝对腐败"式的表达，以及现代企业治理法则。他们清楚地意识到自己的批评会对俞敏洪带来什么打击，但理论信心让他们得以避免愧疚和苦恼。

他们的批评内容既包括具体的人事安排、如何进行股份制、如何治理企业，也包括对来自江苏农村的俞敏洪进行"农民""土鳖"一类毫不留情的攻击。直到2006年新东方上市以及徐小平、王强退出新东方为止,这样的批评以及随之而来的激烈争吵不断发生。

有一次,董事会为一个高级职位的任命争执不下,俞敏洪坚持要用某一个人,徐小平和王强等人则觉得不该用。那一次,双方从晚上9点钟一直吵到早上6点钟。最后王强对俞敏洪说:如果你觉得董事会反对没有道理,你也说不服我们,你就解散董事会,俞敏洪马上说,他接受董事会的意见,不进行任命。

"王强这句话是民主之魂,"徐小平说,"老俞的这个决策是妥协之花,没有这种坚持和妥协,新东方可能就是个平庸的企业。"

徐小平与王强分别提起范冰冰说过的一句话:"一个人能经受多大赞美,就要承受多大批评。"而他们指向的对象俞敏洪却是个自称对演艺明星毫无兴趣的人。这种反差无处不在。他们分别多次强调自己批评的正当性与必要性,用徐小平的话说,批评建议"我会发很多条短信反复说,那些把他折磨死的建议,我连续几年一如既往地提"。

沉默寡言、"从没爆发过"的俞敏洪,努力在言辞中淡化这种苦恼:"人家对我的批评我很快就会忘掉,也没有多严厉的批评,大不了就是他们天天骂我土鳖,农民意识,没有眼光,对一个企业管理者来说,这应该是算比较严重的。"

他也会流露出一丝懊恼:"我把朋友请回来,本来是一起干事业的,结果弄回来以后事业干不成了,还天天吵架。"

的确是明星，的确是屌丝

1996年，俞敏洪艰苦创办的新东方学校收入已经在2000万左右，利润数百万。当他准备出国拜访已经失去多年联系的徐小平和王强时，脑子里想着的是两人的才华和耀眼光芒。

"没有他们两个的话，我认为新东方会做好，但是绝对不会像现在这么大，不会有那么多的理想主义色彩的东西，因为他们两个从本质上来说比我更加理想主义。"俞敏洪说。

俞敏洪和王强1980年一同考进北京大学西语系英语专业，两人住相邻宿舍。两人风格完全不同，王强多才多艺，后来成为新组建的北大艺术团团长，是"绝对的风云人物"，而俞敏洪出身农村，对城市生活充满陌生感。因为他们都喜欢读书，两个人交往密切。

1983年，自中央音乐学院毕业的徐小平来到北京大学团委任文化部长，担任艺术团的指导老师，3人随后产生交集。徐小平至今还记得那个"意气风发"的大三学生站在北大团委的筒子楼门口与他交谈的场景。

王强与徐小平都处在舞台的中央。他们至今相信自己当时是耀眼的主角。而俞敏洪很难举出什么辉煌的事迹，他为人和善，人缘不错，很长一段时间内包办了全宿舍的打水任务。他自筹资金创办了一家诗刊，办了两期就停刊了。俞敏洪让人印象深刻的事迹除了上佳的酒量以外，只有艰苦学习英语的韧性，以及娶到了一位被称为系花的太太。与其他两人不同，他的故事是一个苦孩子奋发图强的故事。

多年后，俞敏洪回忆："他们习惯了我听他们的意见。"而王强和徐小平也承认，他们对俞敏洪的打趣、挖苦，那时就开始了。

毕业后，他们常来常往，友谊进一步巩固。俞敏洪仍然是圈子里最沉默寡言的一个。"我谈不出思想，跟这帮朋友在一起永远只有他们说话的份儿，我就变成了一个很好的听众"。

俞敏洪唯一组织的集体活动，是带着大家到他租住的农村附近的运河里游泳。

20世纪80年代末，徐小平和王强出国。如今，电影《中国合伙人》又让王强找回了当初的生离之痛。"我当时也是立志不回国了。"王强回忆说，"徐小平是最早走的。"徐小平珍藏了作为任何一个学生很难想象的《格罗夫音乐与音乐家辞典》，为了获得飞到美国的机票，他把辞典到处拍卖。有一天他终于卖出去了，用一半的钱请好友在西门一个火锅店吃了火锅，最后大家挥泪离别。"从此我步上小平的后尘，我也要到国外去，老俞也想步我们的后尘，但是国外暂时不需要他。"

国内这头藏着一个文艺青年痛下决心改换命运的故事。一个具有象征意味的事件是他扔掉了自己的所有诗稿，他曾在演讲中将此夸大为"付之一炬"。接受《人物》记者采访时，俞敏洪说，那是一种演讲需要的修辞，事实上只是扔掉，"扔在哪儿我就不知道了，没有真正像林黛玉把诗一页一页撕下来扔掉了，那个太有诗意了。我不会这么做的"。

俞敏洪认为自己经历了最痛苦的转变。他为了攒钱出国创办新东方英语学校，门口的卫生、社区里的纠纷，以及替新东方贴广告跟别的学校发生冲突，他不得不出面解决。他跟公安局、居委会打交道，他说："那些是我不擅长也不喜欢做的，但我也意识到，那些问题不解决，学校就办不下去，想赚钱都赚不成。"

如今，俞敏洪已经可以从容地分析自己的转变过程：除了克服心理上的障碍，还要经历语言的改变，从知识分子的语言变成跟有关部门交流的社会语言。他被扔进了完全陌生的环境里，想办法认识有关部门的某一个人，再认识其他人，然后跟有关部门的关系好起来。"慢慢地我也就习惯了，吃饭、聊天、喝酒都很习惯，像朋友一样。"他说，但又补充道，很艰难，"谁要不信，就让北大的教授、老师去跟有关部门打交道试试看"。

俞敏洪将此归因于生计所迫。但王强相信，俞敏洪天生具备与别人打交道的才能。一个例子是在大学毕业后，俞敏洪住的是单人宿舍，而其他老师住的则是双人宿舍。

毕业已经十几年，等到俞敏洪再一次出现在王强面前时，王强受到了极大的触动。"在普林斯顿，我看学生都能认出他来，觉得很受刺激，他有名气了。"王强说，"在北大的时候，哪有人认识俞敏洪，但是到美国没有人认出我来，只认出老俞，这反差太大了。"

王强说，这刺激不是嫉妒，而是"心里的震撼"。"从言谈话语间，我觉得他不是大学的他了，说起话来逻辑清晰流畅、滔滔不绝，这不是我以前印象中的他"。

"新西方"

当俞敏洪到加拿大时，徐小平处于失业状态。1993年到1994年，徐小平曾回到国内，创业办音乐学校，但失败了，又回到加拿大。这期间，不得志的徐小平甚至没有联系过旧日朋友俞敏洪。关于二人在加拿大的重新相聚，徐小平讲述的版本是"我哭着喊着求他带我回来一起做新东方"。俞敏洪的回忆则略显平淡："他发现我在中国已经做了一个非常不错的学校。当时我就跟他说，你在国外生活得也不如意，如果你还想搞音乐的话，你回来，我给你30万块钱。"

按照过去流传的故事版本，王强在美国的生活算是成功的。他出国后改读计算机专业，年薪7万美元，因此，甚至在王强表明回国的愿望后，俞敏洪还劝他仔细考虑。"这说明他对我负责，怕耽误我，我很感激他。"王强说。

事实是，王强此时早已厌倦了在美国的生活。在俞敏洪到美国的半年前，他在书店买到了上海一名中学数学教师蔡光天的自传，里面讲述了他创办"前进英语学校"的故事，学校办得生龙活虎，"经营的数字令我吃惊。"王强说，这本书也许至今还在他美国的书房里，"若干重要段落我全用红笔勾勒出来了，内容是蔡光天是如何致富的"。

"我至今还没跟老俞谈过，小平也不知道。这是我今天第一次透露，真正最早让我做出选择的实际是上海前进蔡光天的所谓创业史。这对我产生了重大影响。"王强对《人物》记者说。

在租来的两居室公寓的餐桌上,他告诉俞敏洪:我决定回去跟着你一起干了。王强描述,俞敏洪当时既兴奋又迟疑:"喝完酒以后咱们严肃地谈谈这件事。"一开始他非常兴奋地展示新东方,等到严肃谈,他反而沉闷了,因为他心里没准备好,把我们这样的人物叫回来,他的人生面临什么?

真实故事比电影更精彩。为了打消俞敏洪的疑虑,王强在俞敏洪登上回国飞机之前的一刻直截了当地向这位老同学"明志":"当时我也是刺激他。我说老俞你要考虑,你一定要让我去新东方,咱们三个做。如果你不答应,我现在直率地告诉你,半年以后我一定会在你的校门对面建立一个学校,做和你一模一样的东西,这个学校名字我已经想好了叫新西方,校长叫王强。老俞一听,沉默片刻,他说算了,大家一起回去吧,就在新东方三个字下做吧。"

徐小平几乎是紧跟着俞敏洪回到了国内。俞敏洪结束与一个加拿大人的合作,将留学咨询的业务交给徐小平,"小平这下要大干一场了"。友谊和事业在这个时候达到了蜜月般的融合。电影中的一个经典细节可以在这里找到原型。"俞敏洪当着我老婆的哥哥的面说,'小平很快会让我嫉妒的',他真说过。这种兄弟般的情谊,对我那么深厚的期待和鼓励,那真是无比温暖。"徐小平说。

监管俞敏洪

那是一个好友重聚的喜悦时刻,俞敏洪和先回国的徐小平带着一束花去机场接王强。三个人不约而同对《人物》记者讲述了同一个细节。就在从机场回俞敏洪家的出租车上,王强突然严肃地问俞敏洪:"你现在是我们的老板,如果将来我们比你赚得多,你能接受吗?"

在俞敏洪看来,这意味着信心的宣讲。而在王强和徐小平看来,这更像是一种姿态展示:他们不会是俯首听命的打工者,仍然是大学时代不假辞色、充满质疑和拷问的挚友。

3个人的纠结关系就此埋下了种子。一方面,"我跟王强有个特点,我们高度地认同俞敏洪的经营管理能力,五体投地地认同这个能力,所以我们无条件地臣服俞敏洪的领导,无条件。"徐小平说。

另一方面,他们大学时代的交往习惯顽强地保留下来。"可能老俞的痛苦就在于此,他始终无法建立起绝对的领导权。"王强说,"我很难想象突然毕恭毕敬地叫他'俞总'。我们摆脱不了大学时对他的印象。我宁可自杀,或者他杀。别人可能会完成这种职能身份的转换,但我们三个从来没这习惯。"

"我在西方社会生存那么多年,觉得那个社会井井有条,原因就在于监管,一切都在于游戏规则。所以在企业里,监管是必要的。"王强引用"绝对权力导致绝对的腐败"这句阿克顿勋爵的名言来为自己辩白:"没有任何监管,你再牛的一个人也会膨胀。"

王强又一次阐述了自己对于朋友的理解。他表示自己"痛恨中国传统文化中的哥们儿义气",因为那是中国人情中虚伪而无实质的东西。他表示,自己在治理企业上不如俞敏洪。"我对权力真的没有欲望,但是我对监管权力有巨大的欲望,我的乐趣更在于监管"。

王强在新东方的会议室里推动了两件事,一是要求手机关机,一是禁烟。

禁烟是王强感到满意的事。起初,新东方很多工作人员抽烟。开董事会时"看不见对方,云山雾罩"。他第一次发难引发了争吵,王强使用了他此前此后多次使用的摊牌术。他要求董事会投票,要么禁烟,要么他离开会场。俞敏洪也使用了他的惯常方法解决这一争论,用王强的话说"各打三十大板",既肯定了王强的意见,又说这次会议并不正式,抽一抽也可以。

王强制定了禁烟措施,第一个罚款对象是俞敏洪的母亲。在新东方初创时,这名早年的万元户、自小对俞敏洪严加教育的农村妇女进入新东方协助儿子。王强因俞母在走廊抽烟,罚了她两百多元钱,然后马上作为典型在全公司推广。"但我忘了是老俞他妈妈给的钱还是老俞给的钱"。

这次看似并不关键的禁烟行动的始末,事实上可以被视作俞敏洪、王强在新东方急速膨胀时期的几乎所有矛盾的缩影。有西方文化、抽象理论等原则支持的批评者王强不依不饶,"坚硬如铁",而面对着庞大团队和现实难题的俞敏洪温和、不会拒绝。新东方需要解决的内部矛盾越来越多,最终在2000年5月新东方推出股份制改革前后达到顶峰。

长达几年的"改革"针对的问题之一是"家族问题",其实质是"母亲问题"。俞敏洪的母亲李八妹在学校周边办起了餐馆和日用品小卖部。渐渐地,李八妹神奇地将新东方下游产品的含金量开发了出来。她把学校住宿班的食堂、学校教材印刷、教师录音磁带采购等业务拿下，到2000年底做到了1000多万的流水。李八妹将新东方视作俞敏洪的家族企业，在人事和经营问题上多有干涉，甚至经常像过去在江阴家中那般训斥俞敏洪。

一个流传甚广的故事是：1997年夏天，"三驾马车"在李八妹开的饭馆包间里吃饭时，俞敏洪听见外面散座处母亲又哭又闹，徐小平和王强都看不下去了。王强说："敏洪，你能不能对你妈发一次火？镇住她，以后就不会这样了。"俞敏洪站起来向外走去，叫了一声"妈"，然后当着屋里屋外的一大堆人，"扑通"跪下了。

流着眼泪，殊死博斗

徐小平当年就曾经批评："我们是在与俞敏洪共事，与我们所倡导的北大精神、新东方精神共事，不是与俞敏洪家族共事。"

"那个时候大家遇到的问题是非常多的，第一个大家从来没体验过的，比如友情和规则的冲突，这样一个东西在我看来，整个从1999年以来进行股份制改造，一直到大概接近2004年左右，这么多年大家都非常痛苦。"王强对《人物》记者回忆说。

2001年8月27日，副校长王强请秘书给俞敏洪送去一封辞职信，抬头是"尊敬的俞敏洪董事长"。以这封信开始，新东方遭遇了现代企业转型刚开始之后的严重危机。此后的3个月里，围绕着人事安排等议题，包括徐小平、王强、包凡一等元老在内的小股东与大股东俞敏洪发生了激烈的争吵。

这是俞敏洪遭遇的来自王强、徐小平的批评与挑战中最严重的一次。在那段时间，《中国青年报》记者、作家卢跃刚应邀为新东方写一本书，完整地见证了这三位合伙人最真实、最激烈的争吵过程。三个人无论是辩论、吼叫还是静默、流泪，卢跃刚都坐在旁边，开着录音机记录。有时候，三个人也会分别找他征求意见，流着眼泪，坐到天明。

这是新东方的"黑色时期"：面对学校产权瓶颈，规避产权风险，整合资源，进行公司化转型。出现了大家始料不及的两大利益集团——小股东利益集团和俞敏洪的剧烈冲突。由于经验不足，制度设计缺陷，"东方人"公司失败。新东方团队迷茫、困惑、痛苦，失去了方向。不管是私下里，还是有外人在场，小股东利益集团都猛烈攻击、批判俞敏洪，像俞敏洪母亲一样地不给俞敏洪面子和尊严。

王强说："我不愿意为一个家族牺牲。老俞不能超越他老妈，这是我离开的重要原因。"

徐小平随即递上"辞呈"，表示对王强的支持，对俞敏洪施加压力。他的发言主要有两个内容：一是回溯新东方的历史，批判俞敏洪；二是如果新东方还有救的话，也为了"对得起北大，对得起朋友"，俞敏洪"离开新东方一段时间"，出国进修留学，"成为新人"。

一向优柔寡断的俞敏洪这一次采取了王强善用的方式，一方面用友情和实质的改革承诺挽留王强；另一方面，要求股东大会投票决定，他和徐小平究竟谁留在董事会。最终，这场风波以徐小平离开董事会收场。

"俞敏洪既聪明也厚道，"卢跃刚告诉《人物》记者，"但聪明是排在厚道前面的。"

王强在投票中选择支持了俞敏洪。他承认这是他一生中最艰难的决定，他没有像俞敏洪那样选择弃权，事后王强向徐小平解释，当时剑拔弩张的局势必须要降温，他在董事会还能代表徐小平的观念。但他承认："当时投完非常痛苦，这使我一辈子始终在问，我为什么不能够圆滑一点，但是我的性格在那个刹那，没有让我做出这样的选择。"

徐小平则对两人都展示了一个高姿态的回应，他认为用现代企业制度作出决定是他长期在新东方推动的转型，哪怕这样的决定对自己不利，他说："俞敏洪战胜了我，然后我走过去拥抱俞敏洪。抱完了我就走了。为什么呢？我斗的不是多拿钱，我斗的就是一个制度，就是这样。"

妖怪

徐小平没有如愿回到新东方，而王强也拒绝再走回头路。徐小平曾向俞敏洪推荐让王强重新回新东方董事会，俞敏洪说："小平，我感谢你解开我一个心结，以前我都得把你们两个人一起考虑。"言下之意，两人一起回变动太大了。但王强在电话里直接拒绝了俞敏洪的好意，他甚至逼迫徐小平："如果你还想着回新东方董事会，我就不跟你一起做'真格基金'了。"

2010年，徐小平成立"真格基金"，并邀请王强成为联合创始人，两人都感觉重新找到了方向。俞敏洪也参与了对"真格基金"

的投资。他将此视为三人友谊延续的证明之一。

王强和徐小平也在用自己的方式支持新东方和俞敏洪。王强在离开管理层之后的四年为新东方开了几百场免费讲座,他说:"你想除了友情还有什么解释呢?我要以一种问心无愧的方式离开这个舞台。"

2012年7月,做空机构浑水公司唱衰新东方,许多大投资人询问徐小平,徐小平说:"半夜两点钟给我打电话,我不知道真相,但是我说,买!买!绝对没问题!事实上,听我话买的人都赚钱了。"

俞敏洪不在的时候,俞敏洪经常成为徐小平和王强的话题对象。甚至讲起俞敏洪"发火"的故事时,王强也带着开心的语气。他说,有一次,俞敏洪被母亲惹得生了大气,在外面发火扔了手机,还砸到王强的车上。

"你看他非常理性。"王强说,"老俞是有超人的掌控能力,他的车也在旁边,怎么会扔到我的车上?手机没摔坏,我的车倒受伤了——又不是因为我刺激他。"

在俞敏洪看来,跟以前相比,徐小平和王强对他的批评与之前变化不大。俞敏洪说:"王强比较含蓄,徐小平比较直白,因为徐小平一直以批评我为他的乐趣。"但现在这些批评听起来更容易接受,一方面"他们会更客气一点,因为没有了现实中的利益冲突";另一方面,他们也不再夹杂很多个人情绪。

对此,他的两位好友和昔日合伙人的态度未必如此淡然。

"我在微博上发了很多话,关于那么多知名企业因为战略失误错失了发展机遇,都是给'那个人'看的。"徐小平说。他后来又说,有些话"只要那一个人听懂就行了"。

目前,徐小平和王强两人只担任着"新东方研究院"院长这个虚职,和另一位院长三人共同在新东方大楼拥有一间办公室。"一个养老院长",徐小平苦笑地定义。他认为新东方上市后俞敏洪没有进行大规模并购是一个失误,但过去7年中他只跟俞敏洪谈过一次,徐小平说:"如果我在董事会,一定会拳打脚踢、声嘶力竭、动员逼迫、鼓励辩论,走并购之路,但我并不在董事会,我并没有职责这样做,当没有职责的时候,这样做就变成胡搅蛮缠。"王强也表达了同样的意思:"我们既不在管理层也不在董事局,对新东方的发展只能关切地问一下,也不方便了解。"

另一方面,徐小平带着失落感说:"哀莫大于心死。"

这3个人仍然不时强调已维持了30年的情谊是多么重要,话语风格各异,意思如出一辙。"结果是好的,过去的争执就不重要了。"这是俞敏洪的说法。王强形容三人的友谊:"我们之间就像一个少女通过结婚变成一个少妇一样,她失去了少女的那种单纯的美,她可能获得了少妇成熟的美。"徐小平则以特有的激情洋溢的言辞称俞敏洪是"我尊敬的企业家,我热爱的朋友"。他说,友谊"建立在打造新东方的烈火真金的锤炼之上"。

"小平的身上体现一个什么叫作大的爱字,这是我从他身上学会的。我从老俞的身上学会了坚毅,百折不挠,这些都是我人生中做事的标杆。"王强说他今天在"真格基金"觉得非常快乐,这缘于徐小平率真的性格,"我是30年少见这样的人。我坦率地讲,这一辈子,如果我这一生,要有一件最重大的事情要托付给一个人的话,在朋友中我可能想象的第一个人,或者没有第二个人,那就是小平。他真是没法掩藏"。

"那俞老师呢？"《人物》记者问。

"我不会托付给俞老师。他思考太多了，我读他很费解。"

王强感叹，在看完《中国合伙人》之后，他终于能清晰地表达自己关于这份友情的看法。

"友情跟荷尔蒙一样，特点是野性、没有原则，友情的野性需要与公司治理所要求的游戏规则，与强大、冰冷甚至残酷的理性碰撞，被程序正义的理性驯化。否则，友情不足以支撑一个企业的正规化治理，一定会分崩离析。如果友情能在这个前提下接受驯服，他就会变成冷冰冰的理性之外的一个取之不尽的资源。"

事实上，这段关于友谊的富有文采的总结，远不如采访结束时王强的一句话，更能让多年来缠绕在新东方3位合伙人之间的妖怪显影。

"想想老俞也挺心疼的。"王强突然说。他强调，这句话，自己一辈子也不会当面告诉俞敏洪。

周 航

一个对这个世界
有自己主张的商人

一个挣了钱但不开心的商人
终于找到了和这个世界相处的方式——
好的商业一定要有精神上立得住的东西,
并且可以改变这个世界。

虽然忧心忡忡，周航先生还是如约出发了，一大早他从北京飞到上海，然后坐车到芜湖，晚上又连夜赶回北京。这一天是2014年8月13日，周航把日子记得很清楚，他跟博泰集团的应宜伦来到奇瑞汽车董事长尹同跃的办公室，第一次和他们一起讨论共同出资，推出一款生而共享、只用不卖、没有钥匙的汽车。

周航临行前一天，2014年8月12日，他创办的"易到用车"上了新闻头条——"易到被认定非法"的新闻纷沓而至。

"我都约好了，不能不去啊。"周航思来想去，"我还是硬着头皮去了。"8月13日清早，他登上早班机，刚一落座，新信息仍然从微信、微博里挤进来，他点开新消息提示的红点，看也不看就关掉。"'易到遭遇割喉'这些新闻，我早知道了，还用你们发给我吗？"

周航坦言，那次才是政策压力最大的一次，一方面新一轮融资正进行到最关键的阶段，另一方面，专车市场上在当时只有易到一家独大，"政策一出来我就感觉是针对自己的"。2015年1月，易到等专车服务被查的新闻再次让他身处风口浪尖，但周航已学会处变不惊，他全力准备2月3日易到宣布要造共享汽车的新闻发布会——这是去年那次芜湖之行的成果。

"易到用车"是周航在2010年创办的公司，缘起很朴素：周航自己很讨厌去上海出差，原因极简单——他每次到了虹桥机场，打出租车都要排很长时间的队。有一回，他排了一个半小时的队，结果被别人告知"排错队了"。周航气坏了，他琢磨着"我什么时候能走哪儿都有自己的专车"。这种专车比出租车稍微贵一点，提供的服务好一点，应该有人会买单吧？至少，他自己都愿意买单。

周航说，他就喜欢这种"高级点儿啊，有意思的事情"。他由这个朴素的愿望出发，经过四五年的打磨，"易到用车"建立，成为中国第一个由汽车租赁公司、劳务公司、软件平台和乘客四方协议模式的约租车服务模式。

然而政策风险在易到的高速发展中一直如影随形。杨芸是周航创办的第一家公司天创的员工，2010年，她跟着周航开始做易到，那时候，周围的人大都不理解周航的想法，杨芸记得当时"行业主管部门的领导听了我们即将要做的东西，说'车船店脚牙'，司机是一群非常没办法管的人"。更为重要的是，很多人认为"这个行业可能会触及红线，可能会被别人定义为灰色地带，因为法律对它还没有界定"。

周航笃信，在成熟的公民社会中，政府的行为必须有法律授权，才可以实施，而对于普通公民来说，只要法律没有明确禁止，就可以执行。"但政府找我，我也害怕啊。"他做好了最坏的打算，"大不了我就回加拿大呗。"

2013年，周航听到了交通电台里开始有人讨论：互联网约租车的模式是否合法？那时起，周航心里开始恐慌，因为"不知道政府会干什么"。他这种惴惴不安的心情一直持续，直到2014年8月12日，北京市交通委员会下发《关于严禁汽车租赁企业为非法营运提供便利的通知》（下称"通知"）。一时间，仿佛一纸文件定生死，媒体上几乎是一面倒地抨击约租车。

易到高级副总裁于瑞卓在2014年8月13日走马上任，他的到来多少缓解了不喜欢应对政府关系的周航心中的恐慌。此前，于瑞卓为宽带资本创始人田溯宁做了9年助理，他告诉《人物》记者，8月12日通知出来之后，他很自然地进入了工作状态，"以前张树新做互联网史的研究，他把互联网过程中很多小人物比作'扳道工'。比如，这列车应该往上海走，要在火车来之前把铁轨扳过去，否则，火车就有可能跑到济南去了"。于瑞卓觉得"很兴奋"，因为，巨变的时代才会出现扳道工。

与他的兴奋相生相伴的是他的不安。周航从芜湖回到北京后一周，他仍然觉得"对政府权力有很大的不安"，他准备去瑞典考察，去机场路上接到电话，电话里说政府领导要来考察中关村的高新技术企业，园区推荐了易到。周航立马决定取消考察，马上调头，从机场返回公司。

周航在《贪婪与恐惧》这篇文章里写道："人是贪婪的，没有对更多更好的欲望的执着，人类就不会进步，因此，贪婪是人类的驱动器。但是，人性又是恐惧的，恐惧变化，恐惧不确定。"如此一种对更美好的世界追寻的欲望和对身处行业不明朗化的各种变数的恐惧一直伴随着周航。

他有时会怀疑自己，会因为"一点好事，我觉得很开心，充满了希望，也会因为一点坏事，我就觉得确实干不下去了"。杨芸觉得，周航在这些年承担了最大的压力，但是和别人不同，"他执着于自己的梦想，执着于他自己认为正确的事情"。按周航自己的话讲，"明明瑟瑟发抖，我还是要坚持前行，我要对这个世界有自己的一个主张吧"。

乐平公益基金会副秘书长邢文毅是周航的好朋友，周航觉得邢文毅是他的启蒙者，因为她介绍了很多有学识、有担当的学者给周航认识。"这么多年，这么多企业家，我就介绍了周航一个人给资先生认识。现在，资先生是易到的忠实粉丝"。

航班管家的创始人王江是在周航创办易到之后才认识的，在他看来，周航有他的理想，不仅是商业架构上的理想，他有情怀，能够通过设计商业架构让这种理想情怀施以更多的影响力。在王江众多的企业家朋友中，"他是明星，"王江说，"他希望在所有的事情上都有更高的影响力，能够让他的想法、理念普惠更多的人。这是他明显的长板。"

以下是周航的口述。

我从小就有了自己的是非观

"你是哪里人？"我对这个问题一直很困惑，我的父亲是工程师，母亲是医生，我出生在北京，随父母在四川内江的石油大院里生活，那时候，我的童年是金色的。大院的环境跟王小帅的电影里的环境很像，我们的大院里甚至是夜不闭户的，非常安全。

我家里有很多书，一半是爸爸的石油的书，一半是妈妈的医学的书。家里经常没大人，我就自己看书，也许从那时起我就会独立思考了。记得大约是20世纪70年代末期，大院里有一个阿姨是我妈妈的同事，有阵子，大家在悄悄议论说，她丈夫放出来了。我就好奇，为什么会被抓起来？听我爸爸说，是他武斗的时候把人打死了。我心里挺害怕的，但是，我仍然会想，这个叔叔家里有很多书，他看起来也不是贼眉鼠眼的样子，他不像个坏人。这样因为各种原因被抓起来又放出来的人在大院还有很多。我就在想，是真的因为这些人坏吗？至少，他们看起来不像。

周航的家乡——四川

有一年春节，我妈带着我哥去了川北医学院，我跟着爸爸上井队过年。井队在一个非常偏僻的山顶上，唯一能住的地方就是劳改队的招待所，外面就是劳改农场，装了好几千个劳改犯人。我一个小孩，啥也不知道，有一天，我一开门，外面是劳改犯的放风时间。我跟一个看起来很和善的人聊天："你犯了什么事儿啊？"他看上去也就30岁左右，中等身材，回答我："投机倒把。"我当时也不知道什么是投机倒把，只是单纯地感觉他面善应该是个挺好的人，那么投机倒把应该也不是一件非常坏的事情吧。

过了几天，有新犯人来了，他们被押着。我看着很不是滋味，不管他们犯了什么罪，都过去了，为什么还要在这一刻继续羞辱他们呢？井队里扛钻管这些最繁重的活都是劳改犯干的。有一种模糊的印象就是，为什么一个人拥有这么多权力而另一个人好像一点都没有？人为什么就被分了三六九等呢？

和今天遇到的事情一样，我从小就有了自己的是非观，不太受外界看法的影响。我知道什么是对的，什么是错的。

我小学读的是石油大院的子弟学校，中学就开始到县城住校了。那个环境就跟一个小社会一样了。全校几百个男生住在一个大礼堂里，今天这个人的箱子被撬了，明天那个人被打了，整个大礼堂充满了一种江湖感，我小时候的安全感没有了。

我很鄙视那种小社会，我不想在里面当老大，因为我不会跟他们趋同，他们做的事情我也基本不参加。

我的一些反抗和叛逆都来自中学。我非常厌恶排名，一个班级里动不动就要全班大排名，语文、政治、历史，除了数学课都是数字没啥好说，我基本都要跟老师较劲。有一回写作文，我心情很糟糕，就写了一篇议论文，论高考制度如何恶劣。结果，下午我就被老师叫到办公室谈了两个小时。谈什么我不记得了，但是，浑身哆嗦是记得清清楚楚的。这种挑战权威的恐惧我一直在，跟现在一样。

上初中的时候，我学得最棒的是政治经济学，初二寒假大约是1986年，隆昌一中的老师让我们做寒假调研。我回到北京，住在姥姥家里，就在草场四条胡同，我采访张大妈、刘姥姥、胖舅这些胡同里的邻居，问他们：你觉得菜价涨了吗？你还买肉吗？这些问题。末了，我就给老师写调研报告：物价可以继续上涨，但是市场应该充分竞争。老师觉得很稀奇，说一个初二的孩子居然做了一篇这么好的社会调查报告。

我终于在中学时代被老师肯定了，这非常重要，我觉得受到了很大的鼓励，从那个时候开始，我就对经济学有了很大的兴趣，自己看书，经常跑去跟老师讨论讨论通货膨胀。

中学时，我开始住校，因为不喜欢学校食堂，只好开始倒卖粮票，那算是我最早开始做生意吧。我原本是不能吃辣的，食堂里的饭菜全都是辣的。我不吃馒头，食堂里的早餐却天天都是稀粥馒头。我只好天天下馆子，一块钱来一碗红油抄手，我妈每月给我的30块钱就不够花了。那时候，我才知道城乡二元经济的实质就是农村同学是没有粮票的，他们只能自己每月背米来。我隐隐觉得这是不公平的，后来就把家里的粮票按两毛钱一斤卖给农村同学。

价值观是潜移默化形成的。我现在经常鼓励别人学一些经济学，有人说，我不懂经济学，生意照样做得很好；还有人说，经济学家都是纸上谈兵，让他们自己做做生意炒炒股票，十有八九是亏的。在我的理解里，经济学是研究整个社会的经济总量问题的。经济学的逻辑不是站在某个阶层的利益立场，凭借直觉和个人意愿做政策选择。

过了赚钱的坎儿了，却陷入一种巨大的不开心

19岁的时候，我第一次发现自己很会做生意。我没读完大学，在广外读了一年就退学了，我觉得舅舅特别厉害，他在20世纪80年代就开上车了，家里有28英寸的大彩电。我来到北京，到舅舅公司

里打工，他的公司是二十二中的校办工厂，在交道口有一个两间门店，店面面积一百多平方米，销售音响器材。我什么都不懂，但是我很爱学习，第一个月工资一百多块钱，我全用来订一本杂志了，叫《世界广播电视》，当时是这个行业最重要的期刊。我就从头到尾地读，看不懂就死记硬背，最后我积攒了二三十期，每一本都仔细地看过。杂志上有时候还会有厂商的讲座，有一回讲座在白石桥，我转好几次公交车才到地方，就这样我很快就成为这个行业里比较明白的那个人了。

可能我天生就比较会做生意吧。我印象中最深的一次，舅舅和搭档去出差了，我在站柜台，接到一个电话，电话里问有没有这个货或者那个货？那时候，我刚开始做学徒也就两个月，非常有责任心地回答：有呢，都有。挂了电话，我就想尽办法调货，连《北京晚报》的中缝广告也不放过，打了好几天电话，我总算把5万块钱的货凑齐，生意做成，我赚了好几千块钱。

回忆我一路走来，遇到善人无数。在舅舅那里干了一年多之后，我就回学校读书了。毕业之后，我拉上我哥一起创业。启动资金来自我的姨夫，1994年，姨夫给了我们5万块钱，那真是我的第一桶金，5万块钱人民币装满了一水桶。

到2000年左右，公司一年可以赚两三千万了，我还是很有成就感的。我觉得一般人的发展轨迹是：20岁大学毕业，工作几年，有了人脉资源的积累，三十出头开始去创业。而我30岁的时候，算是少年小成了，2003年的时候，我已经过了赚钱的那个坎儿了。

但是，我陷入一种巨大的不开心，很焦虑、很痛苦。公司不用我每天守着干了，每天早上起来不知道自己该干什么。我发现，打高尔夫球是个很好的逃避方式。我每天开车一小时去球场，打几个小时，然后返程一个多小时，再找几个朋友吃吃饭，一天就过去了。但是，晚上回到家里，我恨不能在日记本上写下今天自己做错了这些事情。

从2003年到2010年创办易到之前，前后差不多整整7年时间，我一直在寻找。最难受的时候，我妈还陪着我去广医三院，看心理医生。我记得，做了一大堆问卷，医生说第二周才能来看结果。等了半天，医生说，你心事太重，得放下。放下这事，还用你说吗？抑郁症都是被看成狂躁症了。（笑）

邢文毅对我有一定的启蒙作用，通过她我认识了很多人，她比较系统地引导我，使我对民主自由有了进一步的思考。邢文毅是个很有意思的人，之前在索尼公司工作，她后来放弃企业的高薪，什么也不要，做公益了。因为天创跟索尼有多年的往来，她在电话里说，知道有我这么一个人。

后来，我去北京出差，就去拜访了他们。他们住在北二环一个破旧的小楼里，那是一个夏天，空调制冷效果也不是很好。

再后来，我给很多项目也捐钱，我对慈善也有新的思考。我觉得捐款不在于额度，有的项目是在作秀，就是上流社会的慈善秀，在炫富。你捐10万，我捐20万，那么，你就再捐30万。大家在乎的是捐款数字出来时，别人欢呼，而不是这个项目究竟帮助了多少人。

后来，我经常跟邢文毅聊。她可能也觉得我跟其他企业家不一样吧。她说："你没想到索尼的人竟然会跑来全职做公益，我也没想到索尼的代理商会有你这样的人，如此真正地关心公益。"差不多两个月左右，她就会邀请我去他们那里，一起聊聊他们的项目。我会贡献我的思考和我的智慧。邢文毅介绍我认识了阎连科先生、王克勤先生等。

我们一群企业家去不丹，觉得每个人都很幸福，大家正在很高兴地聊天的时候，谈起了自由的话题。有个企业家就说，我们不自由吗？我们很自由啊，想吃吃，想喝喝，想来不丹，不就来了吗？我们哪儿不自由了呢？

关系可以保命，但是关系不能赚钱

我长江商学院的很多同学都是巨富，但是我没觉得他们怎么着了。因为，他们的财富逻辑是如何去占有更多的资源。办法是什么呢？不是巧取就是豪夺。而我的逻辑里，我觉得这是不对的啊，人生来就是平等的。

我不喜欢人被分三六九等的感觉。我特别不爱去夜总会，首先，所有的夜总会房间都是没有窗户的，又抽烟，又喝酒，里面乌烟瘴气的。我长江商学院的同学经常去，有一回，长江商学院的同学在沈阳聚会，他们一个一个搂着人家走了，服务员问，谁买单？就剩我一个人了，好几万。

在那种环境下，我特别受不了他们对小姐的不尊重。进来之后，骂骂咧咧喊："喝！"我心里就特别难受。

在高尔夫球场上也是。在广东打球的时候最明显，顺德佛山的土老板经常骂球童。球找不到了骂球童，自己没打好也赖球童，有的人着急了还打球童。我心情好的时候，就客气地劝劝："别这样啊。"心情不好的时候，我就骂那些老板："怎么能这样呢？"

小时候在职工医院，我从来不知道什么是挂号。对我来说，医院是一个随便去的地方，所有的护士姐姐都对我非常好。我还一直很喜欢牙医，我躺在那里，睁开眼睛，觉得就像躺在牙医怀里一样。我觉得是因为，我从来没有缺乏被人关心的时候。我在大院里的时候，邻里关系非常好，家里都不锁门，父母不在家，就会有邻居来给你吃给你喝，周围有很多的爱。

到了医院里，我看到附近总是有喝了农药，被送过来抢救的妇女，我就很不理解，她们为什么那么轻视自己的生命？到底是什么东西迫使她们不惜以生命为代价来证明或者维护？

我觉得这些人不应该是这样，她们应该被关怀、被拯救。

在我公司里，有一个员工叫涛涛，他跟健全人有一些不同。公司里的会议室都会摆上瓶装水，涛涛就负责给大家补给这些水，他的工资公司发，他的陪护老师工资我来发。我现在在公司经常着急、发脾气，但是对保洁阿姨态度是最好的，我经常把别人送我的购物卡啊、小礼物啊，转送给她。

我觉得他们就应该被关怀。我在一个团队中，经常就是无意中扮演了关怀者的角色。比如，我去徒步，我不会走在最前面，我通常会去关心走在最后的人。我会去尽可能地陪伴他们，跟他们一起走。

一个商业，它一定要有精神立得住的东西

曾鸣对我的影响也很大。2004年，我在传统行业创业整10年，进入长江商学院读书，我成绩最好的是战略学，这门课的教授就是

曾鸣，他当时是中国雅虎CEO。2007年，曾鸣邀请我去雅虎中国做顾问，这是我第一次近距离接触真正的互联网公司。

3721到底还能不能做？这是我到雅虎之后，接到的第一个项目研究课题。

我一直把曾鸣当作导师，把自己很多创业点子讲给他听，听他的意见。我是一个会为美好的经历买单的人，所以，很多想法都是从我自己的需求出发的，去思考有什么东西可以创新一下？

有一回，我跟一个哥们在宾馆聊天，钱包能不能不要了？这个很朴素的想法也是缘于我自己，跟很多男性一样，我喜欢把钱包插在裤子后面口袋里，鼓个大包很难看，还容易被小偷盯上，坐下起身很容易落在座位上，不胜其烦。如果能电子支付，银行卡就不要，然后直接不要钱包了，该多好？

一宿没睡，我俩当时兴奋，这应该是一个1000亿美元的生意。一早就跟哥们一起找曾鸣去了，谁知，曾鸣一句话就浇灭了我们的梦想：这是支付宝该做的事情，不是你们做得了的。

寻找的过程很漫长，我觉得房地产不高级，做游戏也不高级，看了好多好多项目，都觉得"不高级"。

我很喜欢一款App，叫纪念碑谷，它给我带来了哲学意义和美学意义都无法忘却的震撼。我不是一个游戏人，但是，我觉得它不功利，不会去用尽心思设计关卡、收费点，我就是一个付费游戏，你玩吧，享受了一个游戏真正的乐趣。我看不上《征途》，很聪明，很鸡贼，让大家免费来玩，卖道具挣钱。通过操纵人性中的恶，处心积虑地让你多花钱。前阵子，史玉柱出了本新书，邀请我写序言，我的题目是《向你讨厌的人学习》，但是写了一半，实在写不下去，就放弃了。

2007年我去了加拿大。我闲不住啊，一个月去了3次拉斯维加斯：一次听辣妹演唱会，一次听比尔·盖茨退休演讲，最后一次把婚结了。最后一次，我突然发现太阳马戏团太了不起了。以前只是知道太阳马戏团，但这一回，我发现太阳马戏团占下整个拉斯维加斯的秀场份额的半壁江山时，我真是深深地被震撼了。

我认真观看了他们的几场秀以后，发现每个酒店的秀都是不一样的，但是精神内核的东西是一致的、相通的，充满了探索爱的过程，我觉得，一件艺术作品一定要有精神上立得住的东西。一个商业也是如此，它一定要有精神上立得住的东西。

过往的迷茫终于有了出口，我经历了整整7年的全国各地寻师访友，像所有富起来的企业家一样不断地向各种名目的慈善项目捐钱，一年打满七八十场球赛，深夜自视省察。经历所有的一切之后，我突然觉得有一种特别的收获，第一次感觉到了一种内在自己的存在，就是我可以和自己内心有一种新的对话，有了一种自我的觉察，突然能够看到自己当下的状态，明白了我那个内心最真实的声音。

2010年创办易到，我受到了很多人的启发。第一位是胡舒立女士，2009年3月，她在《财经》杂志上写过一篇《"公司出租车"模式》的文章，文章中讲述了新西兰一种新的出租车业态，引发了我对中国出租车的关注和思考。第二位是中国最著名的调查记者王克勤，他是我的好朋友，从2003年开始，他撰写北京出租车垄断黑幕的报道，一写就是8年，每年出一份出租车行业的蓝皮书。我们曾经在2010年我创立易到之初，讨论过出租车是否具备公共产品的属性，车的数量和运力模型之间究竟是怎样的关系？

4年过去了,约租车这个市场由易到开创,通过互联网预约,提供了与出租车不同的差异化服务,越来越多的人知道了专车服务,我很骄傲,但是,这远远不是我的梦想。我的梦想不是我要造一个中国的特斯拉,我是最鄙视这种说法的,我绝对不是要干一个中国的×××,我要找一个独特的定位,我要造一个共享汽车。我的梦想是建立一个真正的汽车共享社会。只要有5%的汽车愿意加入到共享网络中来,共享汽车的数量将达到1000万台。以后,会有越来越多的人不需要买车了。

最近有人说易到被收购了,被吞并了。我想说,你们吞不起。专车服务市场里,给大家弄点优惠券,给司机弄点补贴,这样靠利益是诱导不出真正的共享经济的。不同场景不同人群需要不同的出行服务,我希望帮助所有的人提高在不同的场景出行的品质。所有的出行都应该是轻松的,舒适的。

中国已经是世界第一大汽车消费大国、生产大国,但我们整个中国的汽车企业引领过世界的发展方向吗?我们就提出了一个疯子般的想法,我们想做这件事情。而互联网的时代恰恰是让疯子梦想成真的时代。

辑
三

PART 3

视 野

...

不忘初心，方得始终

侯小强

皈依

我就像一个风筝,有时候飞得高,
有时候飞得近,有时候浅,有时候深,
但最后都在那条线儿上,始终绑在信仰上。

侯小强先生向摄影师说了声抱歉,他摸了摸自己的脸,咕哝了句:"我的表情太僵了。"

2012年前,时任盛大文学CEO的侯小强与一位台湾心理分析师聊了一整个下午,他感觉谈得畅快,收获颇丰。但交谈末尾,分析师却对他说:"我有一句话,一直想跟你讲。你一个下午没有笑过,你一直面无表情。"那是侯小强第一次意识到自己失去了笑的能力。

抑郁症严重困扰着他,以至于他曾经在再熟悉不过的上海新天地耗费了四五十分钟寻找一家超市。这让他感到"无比恐慌"。

他曾任职新浪网副总编辑,开创名人博客模式,有评论称,某种意义上讲,新浪微博依然在享受新浪博客的运营红利。2008年起,侯小强任职于年收益两三千万的盛大文学,2013年底他离任时,这个数字已增长为十几亿。他抗拒谈论去年盛大旗下起点中文网创始团队集体辞职事件,那是他履历表上可显示的最重大的挫折。被反复追问,他短短回答一句:"我觉得我很孤独,我觉得我是一个人在跟一群不理解我的人做斗争。"

"是格林童话吧,那个小孩坐在尖尖的房顶,看到一个坚定的锡兵走过来。我一直觉得这是少年时候的我最重要的记忆。那个安静的孤单的小孩和坚定的锡兵其实都是我。后来,我想做有责任感的逃兵,比如去漫长地旅行,但我从没有。就像漫长的青春期中,我内心波澜起伏,表面却风平浪静。"他曾经在微博里写道。但2013年9月,他接到一位同事的电话,几乎是毫无来由地,侯小强在电话里号啕大哭,抑郁已经脱缰。"在那一瞬间,我突然就决定我必须要马上辞职,从那一天开始,我就没再踏入公司一步"。

2013年12月,盛大公布侯小强辞职的消息。一个月后,他在微博上宣布皈依少林寺方丈释永信——这个国家最著名也最多争议的僧人。在这条被转发了一万多次的微博下,挤满带着讽刺和羞辱意味的评论。

2014年4月的一天,《人物》记者在北京昆仑饭店的酒廊里见到他,枸杞菊花茶在酒精炉上烧开,发出"咕嘟嘟"的声响。他说自己始终没有删除这条微博,因为释永信告诉自己:"是非以不辩为解脱。"但这些评论加重了他的痛苦。"我有的时候去跟别人讲,一个人去追求信仰,不是一件坏事,你为什么要嘲笑他?"

侯小强的朋友、作家柯云路邮件回复了《人物》记者的采访:"我觉得小强的困惑是许多成功人士的困惑。事业上高目标,自我要求完美,工作压力大,超出自己生命的承受力时,自然会有各种心理的或生理的反应……前段时间不少人议论小强拜释永信为师的事,就我了解的,小强还拜过几位高僧为师。这很说明问题。他内心有着非常强烈的希望解脱的倾向。"

"我现在处理得还不错。"侯小强坐在一张舒适的沙发上说,寸头上现出星星点点的白发,语气平静,仍旧没有什么表情。但在第二次采访结束后的第19个小时,他发来一条近400字的短信补充强调自己想要表达的重点,其中有一句写着:"我感觉到了我的偏执,大多数时候我们和平共处,少数时候它像猛虎下山。"

以下是侯小强的口述。

你也可以说我从来没有叛逆过

我觉得我很僵硬，对于我来讲，没有那么多能够让我高兴的事。前年有一次，赵薇请我吃饭，我也是认为聊得很好了，我觉得聊得很放松，但是最后赵薇突然来了一句，她说小强，我很好奇，你为什么一点点的表情都没有？

2013年9月份，是我身体状态最糟糕的时候，糟糕到我的情绪失控。我有一段时间是那种很混沌的状态。过去我绝对是一个能同时处理很多件事的人。比如说，你去一个很熟悉的地方，然后去找一个人，可能就这么大，但是你转来转去就是找不着，你觉得你的注意力不在那儿，整个人是走神的。

我最终下定决心辞职与海岩有关。海岩有一次请我吃饭，他知道我心情很不好，他说如果一个人28天持续地陷入抑郁的状态，就容易有身体上的崩溃。我吓了一跳，突然意识到我已经持续地在一个抑郁的状态，持续了好几个月。所以当时我就决定，必须要辞职。

我觉得我从来没做过这样的事，你也可以说我从来没有叛逆过。表面看，我其实是很乖的一个孩子。十几年前，我每天都给父母打电话，没有跟老师顶过嘴，没有背后去骂过谁。那个时候新浪博客、房产、汽车、教育、视频等重要频道都在我这儿管理，手机24小时开机。我本身不会游泳，但我曾经跟朋友说过，就算去游泳，我也得一手举着手机游。因为害怕错过一些东西。

事实上，我一直跟别人说，当你决定辞职的时候，你要很职业，你要做好交接。好，我告诉你我是怎么做的，我给陈天桥（盛大网络董事长）写了一封非常长的信，告诉他接下来公司应该怎么走，提了10个很长的、很具体的建议。后来陈天桥回了，说你提的建议非常好，他就安排团队落实去了。

陈天桥后来挽留过我3个月，他提了很多，说你工资照发，奖金照发，股票保留，然后你就留着，留一年。他说你哪怕一年都不工作，把身体养好。其实在我说我要考虑一下的时候，我已经有答案了，就是我必须要彻底放下。

在那一刻，外物都不重要，你的心是一个奴隶，你要解放它。就在那一瞬间，你意识到，哦，原来你的身体更重要，你的父母更重要，别的都不重要，什么名和利，都不重要。在那一刻，我就觉得我的灵魂被禁锢了，我要让我的灵魂飞翔。我就想像陶渊明一样，卸甲归田。我要把我的盔甲卸掉，彻底地放下。

跟大家混在一起去抢那个独木桥

从小时候我就知道自己不是天才，就得跟大家混在一起，一起去抢那个独木桥。工作以后，每个人其实都一样，我们希望自己能够拥有更多的财富、地位，更受人尊重。在新浪的后期，我希望能拥有影响别人的能力，就是你有power（力量，能力），有力量去影响和改变。

但为什么会离开新浪？我觉得有个天花板，我想自己主宰一件事。所以尽管盛大文学是个小盘子，两千多万，但宁做鸡头，不做凤尾。当一把手和当二把手完全是不一样的感受。我想主宰，人得不断挑战自己。

在盛大最忙的时候，做电子书那段时间，基本上每晚开会开到一点多，两点多。夜里我反反复复做梦，梦里全都是工作。半夜醒来之后，我会给同事发短信，告诉他们这个事儿你要怎么怎么弄，那个事儿要怎么怎么弄。第二天早上七八点，我照样准时又在公司开会。

其实我原来没有白头发，就是在那一年，白头发出现了。

2011年我就希望把公司带上市，让它成功IPO，结果后来因为美国市场，因为窗口的原因，虽然我们已经符合了上市的标准，阴差阳错地没上成。尤其今天回过头去看，从去年开始美国中概股市场打开之后，很多当时影响力、收入都不如我们的公司现在陆续在上市，而且有的市值很好。以盛大文学的品牌和收入，所有人都预测它绝对会在上市公司中排在前两三位。但是很遗憾，没有办法。我真的觉得命运有时是一只无形的手。那是我第一次真正意义上有挫败感。

2013年3月份他们（起点创始团队）提辞职，6个月后我提辞职，中间我没休息过一天。那时有个论坛里面，上万个人在骂我、诽谤我，我在那个时候都是很难过的。但是我难过怎么样？有的媒体人甚至给我打电话，他说："你说一下，过去5年你到底做了什么事？"我当时非常生气，我说："我就算什么事都没做，盛大文学这个公司从品牌，从产业链布局，到它的收益从两三千万到十几个亿，我是这个公司的CEO，是吧？就算我什么也没做，你也不能说这事与我无关,是吧?"

我对房子、车,对物质没什么感觉。我基本上就那几件衣服,两三百块钱的鞋,我觉得也挺好的。我去哪儿都没带过包,唯一有个BV的钱包,是好朋友送的,已经用五六年了,烂得不成样子。

"70后"赶上了好时代,互联网崛起,拿着和现在差不多的工资,房价却只是现在的几分之一。买房对于互联网一代不是难事。所以我2001年买了第一套房,也没感觉特别兴奋。

可以说我没有为钱苦恼过。我接受的观念是,钱是别人委托给你的东西,那不是你的呀。人处在不断的轮回当中,任何东西都是无常的。钱那个东西怎么能区分人啊?就像你是一个商店临时存包处,你能说这个包都是你的吗?你能按照这个临时存包处有100个包,那个有30个包,来划分上中下等吗?根本就不是那回事。

但越来越成功的时候,烦恼是越来越多,每天都有新的问题。2013年七八月份,我突然发现自己注意力不集中,郁闷,失眠。之前我绝对不是这样,过去如果我安排20个人,20件事,这20件没有一件我会忘掉。比如说我3年以前跟人说过的话,我都记得一清二楚,给他安排过的事,如果他没做好,我会一直耿耿于怀。可突然之间,我不能处理多任务了。对我来讲,那就是让我恐惧的事。

所以我昨天还写了一句话:"可惜每个人的灵魂都在十里开外,根本赶不上行色匆匆的色身。"你的色身在前面,孤立无援,在夜色匆匆当中奔跑,但是你的灵魂,你的心,跟不上。

鸡汤，鸡汤就是救命药

其实21年前我就皈依了。大学一年级，我开始看《金刚经》《心经》。《普贤行愿品》里有一句说得特别好："犹如莲花不着水，亦如日月不住空。"这就是讲述人的一个状态，就像是莲花，生长在水里面，但它不依赖于水；像日月悬在天空中，但又不依赖于天空。它讲心的力量。

从那时开始，我就像一个风筝，有时候飞得高，有时候飞得近，有时候浅，有时候深，但是最后都在那条线儿上，始终绑在信仰上。

我的信仰最近几年更坚定了，可能和我爸妈身体有些关系。原来我爸在我家里住过半年，非常健康。但有一年他在上海下飞机，我在外边接他，突然发现他真的就像一个老人。我妈有一天在我家里突然身体特别不舒服，然后急救车来了。就是那天开始，我突然意识到父母老了，我必须要为他们做点什么事。从那天开始，我每天给他们念长寿咒。有时候其实也很麻烦，你想，一天念两个多小时，念字面都没有意义的200个字，有时也会烦躁。但是我用了半个月把咒背会，然后一天都没有断过。

我现在每天还念100多遍《百字明》，《百字明》本质上是一种咒语，它不断地去洗刷你被蒙蔽的佛性。我念的时候实际上并不是要寻求一种快乐，我希望我能够淡然，不会恐惧、不会忧伤、不会愤怒，也不会后悔，我希望把自己的贪婪、嗔恨、执着去掉。

可能和年纪大一点有关系，小孩信佛教的就少，只有经历了很多事，可能接触佛教才会多一点。很多人说，心灵鸡汤没用，我觉得不对。很多东西是在你绝望的时候，给你的一个救命稻草。鸡汤，鸡汤就是救命药。现在反正一提鸡汤，大家都笑话你，我觉得没有什么可笑的。

当你说自己的信仰时，不应该被嘲笑

我有一个好朋友，河南文联的主席，他说："小强，上次我见你，觉得你好像还是不释怀，我安排你见一次释永信吧。"我就去了一趟郑州。

那天正好释永信大和尚有时间。哎，我觉得他还挺真实的，而且我相信他可以指导我。我就临时动念，突然说："能不能收我做徒弟？"于是办个仪式，然后他给我念很多经，我也跟着念经，旁边有很多和尚一起念经，很好的加持。

我不知道这件事会有这么大的影响。我手机没电了，不知道底下有那么多人评论，直到晚上回去，我看到评论，我要删。不是因为害怕别人嘲弄，我只是觉得那么多人因为我而攻击佛教，攻击释永信，我特别不忍。但是有个朋友说："布施有很多种，你是法布施，也许很多人在骂，但也许有很多人也会受到影响而去信仰它。"他说，"你不应该删掉。"所以我就没有删。

一提起宗教的东西，大家都在嘲笑，大家都在说科学，是吧。很多人都打电话问我的朋友，他到最后说我自己在炒作。就是说在我朋友的价值观里边,炒作可能比这个信仰还要更好一些。

我相信当《人物》杂志写完我之后,稍微不留神,有可能就会有很多人来攻击我,说你这个人神神道道的。其实对我来讲,我是特别难受的,这个难受不是说我说了一大段真诚的话以后,招致了反感。我是觉得整个世界就是很蒙昧的,大家都觉得自己很聪明。

你知道吗?我从来不嘲笑任何人,因为没有资格。每个人有不同的背景。可能与我小时候的处境有关系。小时候父母很忙,我老是被关在屋子里边,关到6岁,所以我6岁之前是没有社交的。当我跑到外面,发现我跟这世界格格不入,所有的人不爱跟我玩。唯一跟我玩的是一个90厘米的小侏儒女孩。我印象里她很小,长不大,而且岁数比我们大好几岁。但是她也很容易被别人拉走,别人就联合她来欺负我。

人只有在小时候,经历过孤立无援,到了这个世界上行走的时候,你才知道哪怕你提起了那只脚,也要放下去,不要踩下去。人永远不要落井下石,永远不要孤立别人。

信仰这个东西啊,就像你喜欢一个什么样的姑娘,别人没有理由去说你。但在我们的生活中,当你说自己的信仰时会被嘲笑,好像你是个罪人。为什么会这样?我也搞不清楚。

你问我这么在乎别人的看法是不是还未真正入佛门?我在乎的不是他们嘲笑我,是害怕给比如说释永信、给宗教带来负面的东西。

大家都是有一个底线的,这个底线就是相信因果。但是我看到了太多的所谓聪明的人,他们在那儿用非常刻薄的语言,戏弄别人,嘲讽别人。我一点都不觉得他们聪明,我也不会去恨他们,尽管他们侮辱了我，侮辱了我的信仰。对我而言，我就觉得他们挺可怜的，是吧，我真的是觉得可怜。

古来能成佛的人……

我原来一听到柯云路老师讲的一段公案就会流泪，现在不会了，但依然感觉很震撼。

当时达摩来到中国传播禅宗，二祖慧可就特别想拜达摩为师，达摩不收他，然后慧可就在达摩的庭院外，大雪中，跪了七天七夜。达摩一出去，说："古来能成佛的人，要能想得通所有想不通的事，要能做得通所有做不通的事。你今天跪在那儿使点这种雕虫小技就想让我收你为徒，没门儿。"然后这时候，慧可就拿起一刀自断其臂。然后达摩就说："如此，勉强我可以收你做徒弟。"

你想一想，达摩这个里边提到两句话，古来能成佛的人，要能想得通所有的事，要能做得通别人做不通的事。这是一个特别难的境界。我觉得我在尽量地去努力，这是我处理未来5年、10年的一个方法论，我现在就是在做着这样一个准备。

过去的十多年，我一直在打拼，我很少能有停下来的时候，现在希望能够有更好的身体状态，让内心能够更安静。我每天在同一个时间起床、吃饭、念经、睡觉，每天有一个小时在书店，我觉得我就像闹钟一样，非常规律。

其实我内心里有一些担忧，我害怕变成一个陌生的、衰老的、没有力量的自己。我要抗拒。我不想变得大腹便便，每天跟人喝酒、吹牛，每天被卑微的现实打击，然后抗争，我不想变成那样的人。我还是希望站得稍微高一点。

那天一个上市公司的老板给我发了一个短信，他说他有一个一年收入一个多亿的公司，他想给我，然后呢，让我带着它上市，问我有没有兴趣？我说我没有兴趣。然后他就给我回了一条，你真不想做事了。

小的时候我认为成功肯定就是物质，我会做白日梦，梦到我捡到了1000块钱。我学文科的，后来我读大学，读研究生之后，我一直觉得文科的人比较重名声，他的价值取向，名声可能比利益还要大一点，他渴望影响力，渴望影响别人，尤其做媒体的时候。

到盛大文学，那个时候我的诉求就不是名和利了，是责任感。我就是苦行僧一样，因为我背负着一个公司，每天都很有压力。原来在新浪的时候，我工作也很忙，但是周六、周日是我的。等到了新的公司，我就觉得这个如果做不好，别人会怎么样评价，比如说董事会怎么评价，那个时候就是责任感，责任感就是成就感。

现在不是了。人生是一个长跑——我很感谢这句话，这句话就是我的心灵鸡汤。我干吗像一个发条一样不断地拧，不断地拧？总得松一下吧。

实际上我并不是要寻求一种快乐，因为本质上来讲，我不可能是一个能高兴起来的人。我没有什么快乐的状态，我也不觉得快乐有多重要，我想创造价值，同时让自己的灵魂更高贵一些。这不是冠冕堂皇的门面话。

工作是我人生的主要部分。我需要足够的休息，准备重新出发。我已经预料到艰难，但我斗志更勇。在我内心里，做一个职业经理人和创业者没有区别，但创业者成本更低，我会选择创业，创业的方向会聚焦在移动互联网和文化产业上。我希望能做对这个产业、这个时代、这个国家有贡献的事情。我的新公司正在筹备，我要稍微再等一等，为什么要等一等？因为我想在我的状态最好的时候再去做这个事。

我每天都会安排有意思的人，去见他们。比如叫兽易小星，我觉得他很有趣，网络上4个最火的电视剧，有两个是他的，那我当然想知道为什么，我就去跟他聊。宋方金和宋丹丹两个人争执，宋方金昨天下午跟我聊了3个多小时。我喜欢刘慈欣，我马上就跟他约了。我在机场看到张嘉佳的书，看完让我泪流满面，回国之后我们聊了一个晚上。于正，为什么他的电视剧永远被关注？我今天下午还要见于正。

我憎恨社交，但社交是我的重要人生，我价值观中的事业心和动机当中安静的本性有时候会有剧烈的斗争。

我现在主要是管理保姆、司机和我身边的朋友。对，管理朋友，朋友当然是要管理的，就是定期地把大家叫过来，然后训斥一番。我觉得其乐融融啊，因为我现在还不太想做大的工作，那休息的时候，我也找点乐子啊，是吧？也得把这个谁叫过来，骂一顿，讽刺一顿，挖苦一顿。他们很高兴，我也觉得奇怪。同样的话，别人要说了他，他就受不了，我说他，他就能受得了。因为他知道我没有坏心眼，而且他知道这些话我只在他身边说，在外边外人的背后绝对不说一句。

我还管着4只狗和8只猫。因为我的一只猫刚生了小猫，我每天都要看看它们,跟它们说一会儿话。我的狗也挨个要安抚一番,聊聊天。

我原来是一个特别急性子的人。我想,着急的意义在哪儿?我也不着急赚更多的钱,我也不着急证明自己,那我干吗那么着急呢?我不着急。嗯,现在我得慢一点。

王 坚

///

一个预言家
的命运

"我是一个既得利益者。"
这个被称为中国10年来最成功CTO的男人说,
"你能写写我的运气吗?"

难以想象他这样一个人会承担如此多的骂名。

他看上去天真无害，是一个最标准的工程师模样。格子衬衫，右手的袖子因为配合挥舞的动作，常常耷拉下来。

一脸羞涩的笑，55岁的年龄，走起来像是记忆里初中那种沉默的男孩。斜着肩膀大跨步，为了减少对视，低着头快走。

在进入阿里之前，他的人生不可谓不顺风顺水。

30岁的心理学教授，31岁的博导，32岁的系主任。1999年他放弃了这一切，在微软亚洲研究院刚刚在中国开疆拓土时，成为其中的一员。

那是一个大牛扎堆的世界，即使如此，"他也可以算其中最特别的一个"。

直到2008年，他进入阿里，成了著名的忽悠了马云的"骗子"。在草莽文化盛行的互联网界，他变得面目可疑。

最终，在需要故事和传奇的现实世界里，围观者收获了一个漂亮的反转。尘埃落定，"骗子"抓住了现在互联网最具想象力的风口——云计算。

整个采访中，我听到了各种各样对他的评价。智者、先知、堂吉诃德、云计算之父。每个人都觉得欠他的不屈不挠一份承认,希望在词语上给他补偿。

当我希望他定义自己的时候,他拒绝了。他觉得比喻会掩盖最核心的东西。

"我是一个既得利益者。"这个被称为中国10年来最成功CTO的男人说,"你能写写我的运气吗?"

相遇:谁忽悠了谁?

阿里巴巴集团首席风险官刘振飞没想到,8年前的一次牵针引线,会改变那么多人的命运。

2008年,刘振飞因为数据上的技术难题,想挖王坚的手下,结果被跳票。他索性直接找到了王坚。

时机如此妥当,"在北京10年,正想回杭州"。那时微软研究院如日中天,而中国互联网正迎来一轮泡沫。对王坚来说,阿里找到他像是命运的眷顾。他希望能做更多的事情,从研究院到一个更真实的商业场景中去。

离开之前,他所做的项目正和数据相关,通过海量数据分析了解用户习惯、优化软件迭代。

在微软亚洲研究院,王坚深受比尔·盖茨信任。他带的组是研究院里当面和比尔·盖茨讨论问题最多的小组。有人写邮件给王坚,描述了他在比尔·盖茨面前提到软件的数据分析,比尔·盖茨说你应该去找王坚。

王坚曾经把微软研究院比作幼儿园。幼儿园充满未来想象，却很难和现实接轨。

他想在真实世界做更大的事情。他遇到了马云。

"他们的思维恰巧在一个频道上。"刘振飞说。第一次和王坚见面的人，会困惑于他语言的天马行空，充满难解的形而上的意味。

马云、曾鸣和王坚这三个都当过老师的人，有一种奇怪的气场契合。一直观察中国云计算发展，原CSDN总编辑刘江说，三个人在云计算上达到了战略上的一致。

也许用战略这个词，是为了避开战术上的尴尬。

毕竟，这三个人一个是企业家，一个是管理学教授，一个是心理学博士。

云计算所做的是互联网通用技术平台，最底层的操作系统，是技术领域最难搭建的核心。

刘江还记得当时业内的技术人员提起王坚的团队，所透露的不屑："他们甚至不是做操作系统出身。"

在那个时候，王坚身上已经有了两个标签：第一，不会写代码；第二，一个学心理学的。

这是他日后被称为"骗子"的最佳佐证。

实际上，当时更多的担忧并不是来自马云是否被骗。

追随王坚从微软亚洲研究院进入阿里云的第一代工程师林晨曦，依然记得当年自己的疑问。

他说马云和王坚，不知道谁忽悠了谁？

马云真的会坚持做这个东西吗？如果他后悔，那我们不是冲过去做炮灰吗？王坚说了一句话让他印象深刻："相信是别无选择。"

王坚只能选择相信阿里巴巴。几次交谈让他看到了阿里巴巴对技术的渴望。那个时候的阿里正处于焦虑之中，如何从一个商业公司转向技术公司，这是困扰他们最大的难题。

现在的阿里云总裁孙权看到过马云的坚定。

他带领的阿里小贷，曾经是阿里云唯一的客户。2010年初，他觉得自己快要被当时阿里云无休止的故障拖垮了。一个寒冷的冬日，他和马云在西湖边散步，他问马云："马总，能不能放我一马？"

马云很坚定，不可以，云计算是未来。

同样的话，刘振飞也听马云说过。他问了当时很多阿里人想问的问题，外面对王坚争议那么大，你到底怎么想的？

马云说，王坚说他知道大数据的方向，我信任他。如果撞墙了，这钱打水漂了，我花得起，这是战略。

林晨曦进了阿里云，他终于相信阿里巴巴集团是要做这件事情。"甚至马云不同意都不可能，这是一个集体的决策。"他说，阿里云成立的时候，阿里所有高管都陪着阿里云工程师聊了一个下午。

蔡崇信的话让阿里云的工程师们印象深刻，他是阿里巴巴集团董事局执行副主席。他说技术这些我听不懂，我就想告诉你们一件事，只要是能用钱解决的问题，都不是问题。

王坚相信马云说的，一年投10亿，坚持投10年。

对于他来说，能在那个时候，大多数人都觉得云计算是忽悠的时候，可以开始做这件事情。"你知道对我来说，这是多大的既得利益？"

梦想有了实现的可能。成功的概率就像翻一百个硬币，翻到的全部是正面。

《人物》杂志提供

工程师的煎熬

你知道阿里云的工程师换了几代吗？

问这个问题的时候，阿里云的资深技术总监李津脸上的表情显得难以捉摸。7年的时间，原来的核心团队剩下20%，工程师已经到了第5代，"前仆后继"。

王坚不是一个喜欢夸张的人。但是，他形容阿里云是靠工程师"拿命来填"。他领着一群年轻人，去做一个中国人从来没有做过，只在他们脑子里存在过的东西。

采访的过程中，他们都爱用战争的比喻：四渡赤水、平型关大捷、长征、过草地。

"大部分人是走不出草地的，对不对？"王坚问。

我一直想知道，在阿里云初期，这个自主的底层架构搭起来到底有多难？

王坚说，如果有个东西在那里，再难能怎么难呢？最难的是，无中生有。

林晨曦说，中国谁都没有做过，有可能你的每一个决策都是错的。心里没底，没底也要往下做，往下翻那个硬币，并希望每一次都翻对。

李津说，没有人知道怎么做通用计算平台。就像没见过猪跑，没养过猪，没卖过猪肉，然后上来就做养猪行业的事情。没有做过，就意味着所有技术上的坑都要自己填一遍。

和国外有技术代差，阿里云又要做和国外同一个起跑线上的事情，难免在对标的同时不断地被打脸。

有很多人撑不住走了。程序员一生的黄金时间只有几年，他们不愿意在黑暗里一直摸索。

王坚记得有一个优秀的工程师，走的时候写了封信大骂主管，说他领着大家做一件完全没有希望的事情。

林晨曦就是那个被骂的主管。他记得这个工程师，他当时被称作阿里云最靠谱的工程师，所以最不靠谱的项目都要交给他。有什么办法呢？

林晨曦在阿里云待了4年，他觉得像过了一辈子。他说那时候自己什么事情都记得住，3个月前谁跟他交代了一句话，他都在脑子里。他必须记，因为忙到连用笔记下来的时间都没有。

王坚对他们的要求是，所有人的反应必须是小脑反应。

王坚的要求太多了。所有人都害怕和他开会，"他会让一个会丧失所有的会的属性"。王坚成了一个巨大的黑洞，他把所有人都吸进去。林晨曦当时绕着他走，因为见了他就会又把更多的事情堆上来。

"他简直贪得无厌。"

现实扭曲力场的人原来真的存在，离职的员工有时候想起来还觉得后怕。

王坚知道自己狠。在战壕里，工程师很多已经被炸得缺胳膊少腿了。这不是人命，但同样残酷，收割掉的是工程师的自尊心。

你知道我为什么能坚持下来吗？王坚说了一句话，因为我忍住闭着眼不看。他在指挥台，他可以移开眼睛。

王坚有他自己天然的钝感之处。他记得他有一次和一个大人物聊天，聊自己在阿里云的前两年没人管，多自由。那个人奇怪地看了他一眼，说那表明公司不重视你。

他被噎住了。他想了想，也许真是不重视，但这个重要吗？

阿里云早期的时候，很少有主管离开。因为那时候人少，不需要参加阿里的年度复盘大会，王坚一个人去听，所有的批评和压力自己消化。后来，有人去参加了这个大会。

冲击之巨大，开完会完全不知道干什么好，只好离职了。

群嘲

在最初几年里，阿里云在集团内部成了一个笑话，技术上艰难，商业上也看不到可能性。

笑话中的笑话就是王坚博士。

他太超前了，超前到需要周围的人在认知上做一个选择，先知还是骗子？

他的话语方式成了被嘲讽的对象。博士的话难懂，富有哲学意味，追求语词的本义，跳跃性强。很长一段时间，和博士开完会，一个必需的程序是，等博士走后，所有人坐在一起，讨论一下今天博士到底想说什么。

李津一直觉得从王坚这里受益良多。他永远是逼你思考，而不告诉你答案。

在反对者眼里，这代表着，其实他什么都不知道，所以只好云山雾罩，以及逼着别人给答案。有人嘲笑博士，"博士周边的人一年换一茬"，彼此都受不了。

王坚在争议声中，又用他那永不知疲倦的折腾能力，开始做手机的操作系统，对标谷歌的安卓。

王坚一直有着强烈的技术自主情结。所谓家国情怀，20世纪60年代出生的他被打上了那个时代的烙印。他是一个航空航天迷，常常会给手下讲，过去中国没有办法造自己的大飞机，"那么多优秀的工程师一辈子连造飞机的机会都没有"。他给云计算平台起名"飞天"，意味深长。

在他看来，云计算是一个新的行业，阿里云要走在最前面，就不能靠别人提供技术。"那不成了胡扯了吗？"——你又不是想做一个创业公司卖掉。

同样，手机操作系统也是如此，要想做自己的东西，就不能在别人的系统上做。

在刘江看来，王坚当时是做了一个错误的决定。

布局太大，难免节外生枝。云计算本来就足够大了，这边还没做成，手机系统又是一个更巨大的坑。就如王坚自己所说，两个正面战场，同时开战。

这也意味着更容易腹背受敌。

2011年，YunOS与Acer宏碁合作，在最后一瞬间，Acer宏碁迫于谷歌的压力取消发布会。此事成了YunOS身上背负的最大质疑。

内部的质疑扩散到了阿里巴巴之外，外部的判断更加直接。YunOS的工程师谷祖林2012年离开阿里巴巴，有记者采访他，核心问题就是，王坚到底如何骗了阿里巴巴？

"离职后我才发现外面的评价是百分之百一边倒的",知乎上出现了对王坚的各种嘲讽。

王坚进入了他人生中被质疑的最高峰,阿里巴巴历史上最受争议的人。

2012年8月,他被任命为阿里巴巴集团CTO。

这个任命在阿里巴巴内网上引起强烈反弹,有人跟帖,云手机做得一塌糊涂,浪费资源无数,还高升,让人费解。

不搞技术,不擅长管理,你有什么隐藏技能?在帖子里有人这样问。

谁也不知道当时王坚到底承担了多少压力。阿里云几乎隔一段时间就会有被解散的传言。"活在生死未卜里。"现在YunOS事业部总经理张春晖说。

那时候阿里云的工程师会不断地接到猎头电话,苦口婆心,现在不走,等到跌停板的时候,想走也走不了。

集团内部的人也虎视眈眈地想要来分一杯羹,"抢人"。

现在说起来似乎风淡云轻。王坚说,我不是一个根据外部标准判断我行为的人。

他确实不是。在微软亚洲研究院的时候,他是唯一一个坚决不发论文的人。

大公司内部创新,面对质疑,那不是一件很正常的事情吗?王坚说这是惯例。

但实际上，没有人能活在真空世界里。王坚的一个举动，在刘振飞的脑海里留下了深刻的印象。

当时一群人在一起吃饭，刘振飞问王坚，外面那么多人非议阿里云不靠谱、你不靠谱，看你好像不在乎。

众人围坐着一个圆桌，大家都听着。王坚坐在圆桌的另外一边，埋着头，想了半天说了一句，我这就是死猪不怕开水烫。

内部的质疑，马云在内网接了过来。他说，王坚的不足大家都知道，但王坚了不起的地方，估计很少有人知道。假如10年前我们就有了王坚，今天阿里的技术可能会不一样。

王坚很感谢那段话，"他能站出来很好"。后来，这段话成了王坚新书的序言。如今看起来，似乎已经平淡无奇，时间站在了王坚这一边。

难的是话在5年前说了出来。

一个布道者的确信

做成了是远见，做不成就是胡扯。

王坚在和几个相熟的华裔科学家聊天时，自嘲当年的经历。说完之后像一个恶作剧的孩子一样，咧着嘴大笑。

回忆总是会有一层柔光镜，再血淋淋的经历也因为过去了，有种劫后余生的安心。

林晨曦说，他们这些从阿里云出来的工程师，一直留给自己一个问题。阿里云最终能成功，王坚的坚持是不是唯一的原因。

他们有一次聚会，为了这个问题一直聊到凌晨3点。

"如果换一个人，也许早就挂了10遍了。"

王坚身边奇迹般地聚集了一批信他的人。很多人自称"脑残粉"，被王坚成功"洗脑"。他们坚信王坚的方向永远正确。即使错了，也是他们这些执行者错了，"能力无法匹配王坚的要求"。

我有些奇怪这一股脑的坚信的来源。

刘振飞的坚信来自他对王坚判断力的确信。他当时是淘宝系技术保障部的负责人，在每年向王坚汇报淘宝的整个技术预算时，感受到"这是个高人"。王坚的宏观控制能力非常好。

王坚和他对预算，基本上就是从早上9点到晚上12点。密密麻麻的数字里，他挑出来的一定是最核心的问题。一点到某个数字，刘振飞就觉得心里一颤，刀刀见血。

去IOE一战，也让刘振飞感受到了王坚的坚决。简单来说，去IOE是阿里技术自主化的练兵，去掉IBM小型机、ORACLE数据库和EMC存储设备。谁也没想到，去IOE后来成了一个流行词，甚至有了去IOE的股票板块。

"反人性"，刘振飞说那时候阿里的数据库团队号称全亚洲最好，被称为ORACLE黄埔军校，几乎每个人都以精通掌握ORACLE为荣。

所谓去IOE就是挥刀自宫，把自己干掉。

当然会有反弹，当时几个管理层陆续都走了。但最终，这个事情在阿里完成了。

李津相信王坚，是伴随着自己的进阶。他用了一个比喻，每当他觉得自己上了一个台阶的时候，总能在那个台阶上发现王坚留下的小旗。他不信邪，再往上走，又发现一个小旗，"不服不行"。

谷祖林也是如此。他从阿里辞职去创业，创业的时候总会在某个瞬间想起王坚。他在所有不确定中的明确指示，"是多年后回忆起来才意识到的了不起"。

我问过王坚，为什么是你？为什么你坚信自己看到的是对的？

就像通讯专家陈志刚说的，他认为王坚对技术趋势的洞察和认知，在中国互联网圈，没有人可以超越。

王坚说，因为在这个事情上他被挑战得足够多，思考得足够久。"只有你名片收得比别人多，登机牌用得比别人多，才有机会宽度超过很多人，深度也超过很多人"。

王坚提到了自己读书时看的"乱七八糟"的哲学和心理学著作。他说，大部分的人知识结构是不变的，不自觉地把所有新的东西都纳入到原有的框架中，"那样不痛苦"。自己的不同在于，一直在打破自己的知识框架，不断在演进。

王坚是一个强调语言本义的人。他说就像一件事情，只有真正想清楚了，才能用最简单的话说出来。

只有用最简单的话说出来，才能真正凝固这个东西。

听起来很玄。我问他，对写他的这篇文章有什么样的想法。他说了一句,不要抽象。一抽象,看起来什么都对,就没意义了。

很奇怪的,我对这句话想了很久。

最后一个站着的人

被嘲笑从来不是生死存亡的时刻。

选择才是。

王坚觉得当时的阿里云是一把盲牌,"我知道如何把这把盲牌打赢"。但牌没有翻出来之前,每一个选择他都需要去争取。

阿里云历史上有非常多关键性的选择时刻。最戏剧性的应该是那场"要分家散伙"的大争吵。

当时阿里集团的两套数据系统必须舍弃一个。一个是在技术人员眼里地位很高,基于成熟开源技术Hadoop的云梯1,另外一个是基于底层自主产权的飞天开发的云梯2。随着数据规模爆炸增长,两个并行的时代必须要结束了。

那场争吵旷日持久,最终吵到了阿里的总裁会上,所有的管理层都在。形势一边倒,所有人都觉得云梯1是稳定的,可行的。处于劣势的王坚当场拍了很多次桌子,他觉得不做云梯2,"就是逃跑"。

马云这次没站在王坚这一边,很大程度上,他并不知道到底在吵什么。"他一言不发"。

这种会不是一个讲理的地方,在王坚的记忆里,整场会混乱而没有细节。

后来马云对王坚说过,当时那种情形,他心里觉得王坚会投降。

没有结论。曾鸣教授在会议的最后,把整个争吵梳理了一遍。他颇为悲壮地说了一句:"你们可以质疑我的判断能力,但不能质疑我的梳理能力。"

没有结论就是最大的胜利。某种程度上,所有人都意识到这是一个很大的决定,这种慎重感让大家拖延了下来。王坚觉得被让了一马。

王坚从来不是一个能被轻易说服的人。他有自己的策略和生存方式。在这个选择上,他成了"最后一个站着的那个人"。

选择从来不是单向的。在某种程度上说,一个需要企业用户在上面跑的计算平台,是一个被选择者。

当时,谁愿意把自己的身家性命放在一个所有人都认为不靠谱的平台上跑?

开发系统的工程师林晨曦说,如果是自己的企业,他也绝不愿意。

孙权的阿里小贷当了小白鼠。反抗过。后来他明白了,"阿里小贷死了,阿里云也不能死"。这是他必须面对的命运。

有意思的是,我问到王坚他对当时两个公司的生死是怎么考虑的时候,他说了一句大实话。他觉得阿里云一定可以活下来。

假如阿里云活下来了,阿里小贷却被搞死了,这会让他最愧疚。

一个对稳定性要求最高，信任几乎是生命的金融创新只能放在当时系统还不稳定的阿里云上。这就是阿里巴巴式的技术创新。

孙权还记得王坚对他用直升机的故事"连哄带骗"。王坚告诉他，直升机不是飞机。阿里要做的金融不是传统金融，必须用大数据的方法来做，"能解决这个的唯一途径就是云计算"。

"太难了"。2010年和2011年，每年的12月31号，孙权召集数据团队开年会的时候，整个团队都会一起抱头大哭一场。

"我被王坚摁着吃草，我的同事被我摁着吃草。"孙权现在回忆起来，仍然心有余悸。

这同样是摆在阿里云工程师面前的难题。

工程师某种程度上说，是活在象牙塔里的人。他们用代码构建一个自己可以控制和沉浸的世界，他们骄傲于自己的创造性和自给自足。

底层系统那么难，他们咬牙搭出来了。然后，是用户无穷无尽的投诉。一个底层系统，成千上万台计算机，不间断地运转，当阿里云的技术还没有完善的时候，故障和bug是常态。

工程师突然从代码的世界里被拉了出来。技术就是商业，他们需要面对用户，面对商业化。代码贡献者、产品经理、商业执行者，三个角色合一。

刘振飞能清晰地感觉到阿里云工程师当时的迷茫，我这么牛，为什么会被用户骂成渣？

没有同感心。

王坚发现，原来阿里云翻技术的高山并不是最难的。这种同理心的培育是他要陪着这群年轻人走的一段更长的路。他转身成了阿里云最大的客服。

王坚的眼泪

王坚不愿意提到他的眼泪。

他试图把话题滑过去，他说，我从来没有私下里偷偷哭过，"这个我可以确信"。

2012年他在阿里云年会上像个孩子一样哭得泣不成声。那是一次百感交集的释放。他不愿意做过多解读。"那是因为放的客户视频太感人"。

戳王坚的泪点很容易。李津说，和王坚说阿里云用户的例子，说一两个故事，就能看到博士眼眶发湿。

王坚用了一个词，"体感"。

关于阿里云用户，他最爱讲的故事，是在秦岭大巴山深处铁路段的年轻人，用了阿里云的服务，把铁路安全的通知传达到工人手中，改变了他们的生活。

他喜欢看到阿里云的科技改变弱者的故事，这是用科技来"打抱不平"。

云计算让中小企业可以和大企业站在同一条起跑线上。王坚说过，一个能用好云计算的公司，哪怕只有一个人，也可以拥有10000人公司的计算能力，曾经被跨国巨头垄断的计算能力。

阿里云给了"小而美"公司一个超越强者的机会。

所有在阿里云上面的用户都是同行者，没有大小好坏之分。他们肯把身家性命放在阿里云，这让王坚觉得和用户之间有种袍泽之情。

用情太深，不容侵犯。

李津认为这和王坚学心理学有关，心理学让他有很强的同理心视角，非常容易把自己代入用户。

云计算这样的计算平台，故障是无法避免的，碰到谁身上就是个概率问题。工程师有时候觉得影响到的是一些小用户，时间长了难免懈怠。有时候工程师会忍不住发牢骚，要求怎么这么多。

王坚遇到这样的事情会暴怒、骂人、摔手机，抓到谁的手机就直接摔出去。

对于王坚，刘江印象最深的情景，是在第一次云计算大会上。王坚当时被邀请做嘉宾，一个人在会场外面溜达。有个来参会的年轻人看到他，上前说了一句，王坚博士，我们在用阿里云。

背着双肩包的王坚立刻拿出一张名片，双手递到年轻人手里，"有问题找我"。

刘江说，那一瞬间，他能感受到王坚身上那股技术人员的单纯和热情。

王坚也讲过一个让人啼笑皆非的故事。他准备坐车去首都机场的时候，有个女人拉住他，说王坚博士能不能让我搭你的车。

王坚问，你是谁？那个女人说我是阿里云的用户，以前见过您。

他完全记不起来，心里在打鼓，这不会是个骗子吧。但是，万一她真是用户呢？

王坚不忍心拒绝，让她上了车，问她去哪个航站楼，她说哪个都可以。一直到机场，他也没搞清楚这个女人到底是谁。

王坚从来认为阿里云应该是一门生意，但是对用户，"生意是生意，情感是情感"。

但王坚并不是一个好的商人。

2013年，那场著名的争吵之后，他坚持的飞天5K最终成功，关于王坚和阿里云不靠谱的争议就此告一段落。

王坚和阿里云却陷入了一场更大的危局——如何让更多人信任云计算？包括那些用惯了IOE的500强企业。

孙权用了这样一个比喻：王坚像是用100斤的力量，驱动10吨的庞然大物。

王坚需要一个把阿里云带上现实商业之路的人，他盯上了做金融的、对钱有着天赋般敏感的孙权。

除了商业能力，王坚更看重的是孙权从阿里小贷开始，跟阿里云生死与共培养出来的使命感。就像孙权曾经说过的："炒房炒成了房东。"

"他愿意去探索云计算和数据的边界在哪里"。王坚认为，孙权这种使命感能让云计算走得更远。他强调了一个细节，孙权的名片背面印着飞天的一段代码，王坚相信这种发自内心的热爱。

阿里巴巴合伙人彭蕾曾经对王坚开玩笑说，你到阿里巴巴最正确的决定，就是坚持让孙权做阿里云的总裁。

王坚在合适的时间重新退回到云计算布道者的角色。

他更多的是去夯实云计算的认知基础。他又有时间去抠字眼，反对业内蹚浑水的公有云、私有云的说法，担心中国在这种"文字游戏"中失去云计算发展的历史性机会。

"只有公共云。"他希望云计算变成像电一样触手可及的通用计算。

作弊者

在阿里云的人看来，王坚可以算作云计算之父。"没有他的定义、推广和推动，大家的认知要晚好几年"。刘江选择了用云计算第一人定义王坚，他觉得这更准确。

云计算如今已经炙手可热，越来越多的企业用户租用虚拟计算机的数据存储空间和计算能力。

2016年，阿里云为37%的中国网站保障安全，为全球76.5万用户提供云计算和大数据的服务，目前在国内第一，全球第三。

王坚已经不是当初那个需要大声疾呼，和所有质疑作战的堂吉诃德式的布道者。

时间让他有了成功者的从容。

很多人注意到了王坚口头禅的转变。以前，他习惯说："你知道我的意思吧？"现在他的话后面跟的最多的是，"不知道我有没有表达清楚。"

这成了王坚管理能力提升的一个显著标识。

马云好几次提到王坚的管理能力而摇头，也说王坚是他很少有的会在电话里大吼的人。

现在，王坚退出了细节化的管理。他更多的是去开拓各种边界，开始了新的折腾。

很奇怪的，在和政府的高层官员交流的时候，他不再是一个难懂的王坚。"这成了他情商爆表的时刻"，他对战略的梳理，更容易被官员接受。

他希望官员能够接纳他关于未来城市的想象。为城市安装一个智能中枢——城市大脑。

中国互联网快速发展，城市数据的复杂性远超西方国家，"中国老百姓拿手机买烤红薯，美国老百姓还在用支票支付水电费"。所以，这又是一次没什么可借鉴，对成型方法挑战的"创新"。

最简单的，他说，世界上最遥远的距离是红绿灯和交通监控摄像头的距离。他们在一个杆子上，却从未通过数据被连接过。他要连接，让城市看到的都能被数据思考。数据是城市最重要资源，"比土地还要重要"。

2016年4月，王坚牵头十几家企业跟杭州市政府联合发起"城市大脑"项目，希望利用城市的数据资源，对整个城市进行全局实时分析，自动调配公共资源，最终把数据变成城市治理的最重要资源。

智能技术发展到今天，让这个想法变得更加可能。

听起来很遥远，王坚却相信这会在中国实现，"城市大脑就像电网一样重要，中国有机会为城市贡献一个新的基础设施"。

今天，杭州已经有5万个交通摄像头充当"眼睛"来采集车流数据，通过人工智能方法处理后，就可以智能调控红绿灯，改善交通状况。

在他看来，更大的运气来自苏州的加入。"苏州几乎倾其所有"，拿出了所有城市相关的数据资源。王坚认为，杭州和苏州的经验，将成为城市大脑可复制的范本。

这一次，似乎不像阿里云当初那样，那时候他是站在山顶上能看到更远的地方的人。现在更像是一个皇帝新衣的故事。

看到未来的似乎不止他一个，人工智能是一个热闹的场域，大家一拥而上。王坚有他惯有的执拗坚持，他看到了，还要自己做出来。

有人读了他《在线》这本书后留言:"你自己预言,又自己实现,这不就是作弊吗?"王坚觉得这句话说得很有道理:"就让我继续作弊吧。"

在采访的最后,我问他,你到底会不会写代码?

在王坚变成传奇的今天,这成了被人津津乐道的谜。

博士的回答很博士:"如果你把我当成一个纯粹写代码的人,这一行的人也会因为我写代码而雇用我。"

王坚有他自己的骄傲。

刘江说王坚是中国近10年最成功的CTO,带领一个全新的技术团队做了一个全新的业务,现在到了千亿的市值。

王坚委婉地用了这样的比喻,他说,一场战争最重要的战役是改变战争格局。100次胜仗可以打得很妙,但是不代表能改变战争的走势。

阿里云,算是打了改变战争格局的一场胜仗。王坚带领阿里云在中国的跑道上早跑了5年。

宝贵的5年,一个预言家实现了自己的预言,这是王坚的运气和传奇。

冯仑

当你觉得很牛的时候,
其实别人都在
看你笑话

一个阶段的成功也可能是下个阶段进步的障碍,
要想不固步自封,
就不要停在你已经取得的成绩上。

冯仑很忙。见面当天，他中午从海南飞回北京，下午处理新书、接受采访，晚上10点飞往西安。我们的采访就在他去机场的路上和待机间隙完成。他大概估算了一下，一年有近一半的日子在天上度过。他还是老样子，光头，一副黑边眼镜，看起来斯斯文文，说话滴水不漏。他曾多次公开强调，男人50岁以后，要把全部精力奉献给自己喜欢的事。他现在58岁了，脚步依然未能减缓，很多工程相关的政府关系还在等着他去周旋。

他倒乐在其中。3年前从万通地产实际负责人的位置上退下来，他转身做了立体城市——一个以楼盘为基点、探索有限空间内打造绿色生态社区的项目，剩下的时间，开公众号，做视频，学赛艇，研究卫星。三分之一的精力做被迫的事情，三分之二的时间做喜欢的事情。被迫也好，不情愿也罢，该上场他还得上场，"活着就是一出戏，我们演好每个角色，都是对其他看戏人的一个交代"。

这场人生大戏里，他说自己既是观众，也是演员，看人来人往，慢慢淡然。身边的人，有人离婚再婚，为家产闹得不可开交；有人进了监狱，出来，再进去；也有人离开人世。自己也进入人生下半场，慢慢退出核心舞台。

他把这58年的阅历，积攒起来，写了一本书——《岁月凶猛》。书里，他像一个清醒的局外人，把这个圈层的生活、感情、事业一点点掰开，推到读者面前。就着书的主题，我们跟他聊了聊，一个58岁的商人如何跟自己的圈子、财富以及家庭相处。

以下是冯仑的口述。

1

我从做生意到现在，就像爬山，一路都很艰难，你看到的很粗糙、很尖锐、很血腥的事情比较多。

我们这个年纪的企业家，有了些钱，每个人都会故步自封，一个阶段的成功也可能是下个阶段进步的障碍，就是说你会把获得的东西当成一个负担，肩上背的东西越来越多，最后会压垮你。所以我发现有些人以"装"为乐趣，一出门，"哗哗"很多车跟着，前呼后拥。

这样呢，就把他和其他人给隔开了，所以他就慢慢地在自己的世界里活了，这样判断就容易不准确。你雇了很多人在追捧你，你真就觉得自己很伟大，然后演出了很多滑稽戏。当你觉得很牛的时候，其实别人都在看你笑话。

比如说有一个人，他太太得了个绝症。这个绝症真的是应该放弃，但是他专门弄了个医疗组，花了很多钱，就为了维持太太的生命。每次公司开会，他都把太太推出来，讲一些很感动人的话，催人泪下，自己也泪下。可能在你们眼里他是一个忠贞的人，赢得了所有人的尊重，大家都觉得这个人特别好。但其实另外一面，他把照顾老婆变成一个品牌活动了。老婆想活下来，也得配合。

大家都在演，那你也得配合。你要用演员的心情去上班，下了班你要变成观众。每个人都是这样的，演员和观众也要不断地切换，你想啊，一个好演员，天天演悲剧，下班后还是悲剧，他该累死了，所以一定要下班后就忘了自己装扮的角色，做回自己。我的心情是属于来回更替，所以我自己在演的时候也有时候会跳出来，变成观众的心态来看这个事情，所以我不会感觉很累。

但这是很荒诞的。老子的《道德经》中讲"为而不有"，就是你做了一件事情，别把它放在身上，赶紧把它扔了，这样你的身体永远是清空的状态，才可以接受别人给你的有。所以，你要想不故步自封，就不要停在你已经取得的成绩上。

对我们这些民营企业家来说，最大的考验是如何收场，而不是开场。怎么把过去这些成绩画个句号。大家常常会看到某些企业被卖了、被转型了、被收购了，有些企业甚至欠了一屁股债，那就不好看了。我逐渐在做一些退场的准备。你要想收场，最主要的是减少是非，不能减少是非，你就收不了场。例如你偷别人东西了，那怎么收场？我没偷你东西，我说咱俩不往来就可以不往来了，但我占了你便宜，我说不往来怎么行，你肯定会找我麻烦啊。把事情往简单做。生意，其实就是"是非利害"四个字，你总是要看对和不对，叫是非；赚多少钱，赔多少钱，叫利害。

如果我赚10块钱，而惹了100块钱是非，那我就平不了。反过来，我赚了100块钱，只惹了10块钱是非，即使再拿40块钱去处理这个事，我还挣50块钱。所以，你要权衡每做一件事情你惹起来的是非和你赚的钱能不能平衡，保证你做的事情和你得到的利益比你惹的是非的成本高，那你每天有正向积累，连续的正向积累就由事变成业了，就叫干事业。如果不是连续正向积累，那不仅天天忙活，还会惹了一堆事。

2

我们刚创业那会儿主要是先挣钱，先把这事干好，你停下来，那爱情也会走的。我们只管干事儿，女人的事儿不管，爱咋地咋地，这是直男癌。不是现实，你浪漫不起，就到现在我还一年飞一百六七十次，哪能像中产阶级，天天幻想浪漫故事。那我们折腾到这样了，你先得豁出去，所以我们那时候说家破人没亡，妻离子不散，苦大没有仇，基本都离婚了。

现在北京离婚率特别高，中关村那片最高。中国企业家的婚姻未来会越来越受到关注，你这个婚姻跟财产都有关系，就成了媒体可追逐的一个点。媒体上我天天看都是，一会儿这样，一会儿那样。有一个朋友离婚的时候，刚开始打官司标才一两个亿，结果他还没离完，这个标都涨到五六个亿了，为什么？估价涨了（笑），这个婚才离的。

有个朋友闹离婚，他们合伙人要分家，我就跟他说，别着急，离婚这个心理过程都是三步曲。第一步叫惊而怒，突然吃惊，他（她）外面有人了，没说话就打起来了——啊，你这个坏人啊，骗我了什么的。这惊而怒就把火都拱起来了，第二步就是互相折磨，你得泄这火，你挠我，我抓你，骂你，弄你，互相撕咬互相摧残。撕咬完了双方都没劲儿了，无趣，无聊，最后大家就办手续，就去离婚。我说你得熬啊，你不可能绕得过去的，每个人都会按照这三个阶段。

实际上社会角色在变，社会外边的关系也在变，遇到很多挑战,这种家庭关系对于一些企业家来说能够协调好其实不是太容易的,所以企业家也是离婚率比较高的一个群体。他有时候就是价值观,你比如说对钱的看法,以前大家都没钱,突然有钱了,有的还是两口子都在一个公司,那公司战略上有些看法不同;再有一个就是你说的这种家庭关系面临着外部的攻击和自身的一个变化,比如女方比较强,这男方也不上班,天天光花钱在外边晃晃晃,这可不晃散了,或者反过来男的每天在公司,太太一天没事儿,都是一样。这社会,两个人的角色一直要配合好,两个人必须朝一个方向不断地互动,价值观是一致的,这样的互动就散不了。

但我们现在的问题是,这部分成功的人也没能建立起一套长期可靠的、正确的价值观体系,有了钱依然迷茫。这就涉及一个跟谁走的问题。特别能折腾的人,搞定人对他来说已经不在话下了,他要搞定神,就去求神拜佛,找大师了,王林这些"神人"就出来了。有些就是世俗的选择——跟小妹走,选择阶段性的快乐。康有为本来想跟光绪皇帝走,但是到晚年的时候,流亡到海外,最后跟小妹走了。当时有个普遍认知,认为睾丸是生命的发动机,他希望能换个发动机,和小妹走得更长久一点,于是他还用德国的技术换了一个睾丸。但遗憾的是,他还是没活过70岁就死了。

跟小妹走风险大,离婚涉及财产。比如我投你很大一笔钱,那你创业期间如果离婚,你这个公司的股份怎么处理,都要说清楚的。做信托,或者是做一些这样的委托关系,那当然母亲是最靠谱了。因为几乎没发生过跟母亲打官司的,但是跟父亲的有,跟兄弟的也有,夫妻的都有,就是委托完了还打官司,反悔了。

金钱面前,人性啊、爱情啊,都是脆弱的。特朗普讲到他东山再起最重要的因素就是签订了一个婚前协议,正因为成功地在婚姻幸福的时候补签了若干协议，才使他在最低谷的时候没有被拖垮。我相信好的婚姻对人是有滋养的，但是至于年轻时候的那种爱情，我现在认为比较遥远。就是张爱玲说的，真爱就是撞见鬼。大家都说，都好像知道，但是谁也没撞见过。

3

每个时代的价值观是非常重要的，价值观不同，塑造出来的人生是不一样的。对我们这些人来说，钱花在哪儿、怎么花是值得思考的。

我这几年一直做立体城市项目，房地产界的评论都不是特别的乐观。无所谓，我们的自信不在于别人说你失败。失败也是进步，比如说人类登月，是失败了，还是进步了，他做了别人没有做的事情，这就是了不起。那我们就探到了一种城市的发展模式，它不成功也是成功，因为做普通的房地产，挖坑盖房，我也会做。我拿自己的钱，为城市的发展探讨一种方法，有什么失败不失败的。

扎克伯格为庆祝女儿出生，捐赠了Facebook（脸谱网）99%的公司股票，价值450亿元美元。这个有急速创造力的商业领导者，将个人财富用于人类终极关怀这么一个安排，确实让东方社会感到差异。

同样是为了妞，我看到华人中不同的例子。香港一位大老板，小女儿出生，花4亿多港币买了一块以女儿名字命名的钻石送她。另一位台湾科技大佬，家里有一对双胞胎女儿，还有一个老婆。两个宝贝女儿要毕业的时候,他拿了近百亿台币,在台北买了一块地,建造了一个令人炫目的购物中心,老百姓俗称这个商场为贵妇百货。这个百货店极尽奢华,而且同时满足了三个女人的心愿:一个开了咖啡厅,一个开了百货商店,一个开了爱马仕店。

华人、亚洲富豪往往喜欢用钱表达爱,结果把自己的妞变成了用金钱堆积的符号。我只有一个小孩,现在都比较简单,她自己也在创业。她需要钱,跟我们借,借了以后赔了你得说出个原因来,你要赚了那是你的。虽然我就一个小孩,但是最后遗嘱怎么写、遗产怎么弄,不一定都是你的,你一开始借钱得说清楚。

4

2013年,马佳佳闹腾那段,我们这帮人都很焦虑,我们不知道门口这人跟我们是什么关系,是不是要把我们告了,或者说跟门口的人不建立某种关系,我们企业就没法混了?后来发现互联网跟我们的关系,在哪几个方面有关系。相当于门口有个新人老在那儿晃悠,你很烦,但他一坐下来,告诉你他是谁,跟你什么关系,你就基本上不焦虑了。

现在,我们状态都挺好,联系挺多,总是互相帮忙,有时候互相站站台,有时候一块儿做一些项目。你像王启富做运动小镇,骑自行车,然后小易(易小迪),还有王功权我们都有参加。就像创业的童话,你二十四五岁大家在一起创业,几十年下来各自发展挺好。每年还老在一起聊聊天,像AR、人工智能、共享经济,大家有时候聊聊这些新的技术带来的一些商业上的一些变化,也谈谈公益的事儿，也谈谈自己。小孩都大了，也说说小孩的事儿。

我经常说，你20岁的时候，你做不得不做的事情；到中年的时候，你去做被诱惑的事情，因为你四五十岁的时候，特别容易被诱惑，你想做大啊，想折腾啊，权力欲望特别大。然后你等到50岁再往上爬，等到六七十岁的时候，基本上都做自己喜欢的事情。为什么？你有条件了。经验、人脉、时间，如果身体也健康，财务自由，那你就做你喜欢的事情。所以这个时候其实你反而比较开心。

我现在三分之一的时间在做被迫的事情，三分之二的时间是做喜欢的事情。你比如说我们8月份发一颗人造卫星，然后拿手机直接可以直播太空，地球上也是第一次，叫"风马牛一号"卫星。这就是我，现在就是创造。你要说就业的人生，上班，那是另外一个活法。我想创造，就想折腾，就想在地球上做件事。然后过几年，我们也在安排发射一个智能的机器人，发到月亮上去，圈块地。我会做好玩的事情，交很多新朋友，你比如划赛艇，王石老师带着我们划赛艇。

这几年自己最大的改变就是，感觉自己越来越像《三国演义》开篇词那个境界了，叫作"一壶浊酒喜相逢，古今多少事，都付笑谈中"。或者叫作"青山依旧在，几度夕阳红"。就是你会越来越从容，越跳出来，越淡然，越不争。简单说就是你看透了，用老百姓话说就是活明白了。

潘石屹、张欣

信仰知识
服务穷人

作为中国知名度极高的精英面孔，他们认识到视野、国际格局与知识的增长才能为人生带来真正的乐趣与满足。

就是要捐给中国留学生

北京朝外SOHO地下停车场里有一个"SOHO中国"专门的影棚，一进门是潘石屹先生的一张黑白肖像，展露哲学家式的笑，再往深处是张欣女士的肖像，看上去，她更像一个好莱坞黑白片时代优雅的女星。

潘石屹和张欣有着迥然不同的性格、出身以及处事方法，然而，他们在慈善领域对教育问题保持长达10年的关注，在这方面，他们拥有高度默契的共识。夫妇二人早在10年前就成立了SOHO中国基金会，一个非公募基金。教育一直以来是让他们最牵挂的问题，因此在随后的时间里，SOHO中国基金会专注于支持教育项目，包括帮助甘肃、云南等地区贫困山区的儿童们。

2014年，SOHO中国助学金成立，资助中国优秀本科学生到国际顶级名校就读。7月，潘石屹和张欣代表SOHO中国基金会向哈佛大学捐款1500万美元。10月29日又与耶鲁大学签订捐助协议捐赠1000万美元。几乎在同一时间，潘石屹和张欣又听闻他们的朋友、香港知名房地产开发商陈启宗和他的家族向哈佛公共卫生学院捐赠了3.5亿美元的消息，随后又向母校南加州大学捐赠了2000万美元。

"这个实际上是我们的初衷。"潘石屹接受《人物》采访时说,捐献给中国留学生是他们夫妻坚持的标准,"多收中国的贫困学生"。

坚信知识改变命运

潘石屹的家乡——甘肃

作为中国最知名的夫妻之一,潘石屹和张欣仍坚信知识能够改变命运,这也是他们捐赠中国贫困留学生的真实情感动力。

2014年11月中旬的一天,潘石屹为SOHO中国新开的楼盘光华SOHO2举行了媒体午餐会,午餐会上,一个记者问起了潘石屹与贾樟柯在2011年合作的拍摄过程,在这个5分钟的公益短片中,有一个来自潘石屹家乡的镜头:在群山绵延的秦岭地区,一辆火车从山洞中驶出。

"这边是东山,这边是西山。"潘石屹回忆,那时,他只有十一二岁,非常迫切地想要从山里出去。当他在西山这边干活歇下来的时候,总会望向火车洞,心里想着穿过这个火车洞,就是山西、河南、北京甚至美国……"我只要一想这个东西,就在山沟里待不住了。"坐在北京CBD最昂贵的地段,潘石屹深情地回忆,他从不避讳自己的出身,一个从甘肃穷山沟走出的农村孩子,借时代机遇又凭自身能力成为坐拥上亿资产的上市公司老板。

潘石屹说,好多人认为权力、财富可以让那些富二代、官二代拥有很高的社会地位,但他认为,那些改变不是根本的,不是对人命运、精神境界和心灵的改变——最根本的改变还是来自知识。

他的妻子张欣更关注国外名校高学费对于贫困学生的障碍,"有个误解呢,就是说到美国这些第一流的学校去的,好像都是官二代、富二代,其实不是这样的,有好多孩子的家庭还是非常贫困的。"张欣曾在一次接受媒体采访时说,向国外高校的捐助就是希望让中国贫困学生知道"最好的学生应该受到最好的教育,只要考得上,就不用担心经济的问题"。

张欣毕业于英国苏赛克斯大学,出国前是香港一家工厂的女工。《纽约客》的特稿《龟的故事》里,作者查建英写道,读夜校的时候,张欣有一阵子觉得很满足,但1984年一位儿时的伙伴到香港来了,"完全颠覆了我的世界。"张欣回忆。这个年轻的男子会说英语,上过大学。"天哪,你在这里的生活太糟了,"他对张欣说,"你应该去美国。"

凭借一笔助学金,张欣去了英国。"你想张欣如果是没有这些助学金的资助,是不可能到英国去读书的,而且这些助学金谁给出的,到现在都不知道。"潘石屹说,"中国改革开放出去的学生都是靠的助学金,都是一些默默无闻的人。"

张欣一直把那次改变她命运不留名的资助看作生命的礼物，毕业后，她去了高盛工作。潘石屹曾去纽约见到张欣的前老板，"一开始，我就觉得，这个华尔街来了一个奇怪的人"。潘石屹回忆前老板对他描述和张欣第一次见面的情形，当时，这位老板问张欣想干什么？"她说，我想为穷人服务，服务全世界的穷人。这个老板说你走错地方了，华尔街就是赚钱的，互相竞争赚钱的地方，你怎么要服务全社会、服务这些穷人呢？然后张欣说，等我赚了钱了，我再去服务"。

又感慨又踏实

事实上，在潘石屹、张欣决定向国外大学捐款前，很多朋友最担心的一点就是，中国学生要是假报了自己家庭的年收入怎么办？"实际上我们在跟整个这些学生交往的过程中，是正好相反。他是为了申报哈佛也好，斯坦福也好，为了让这些学校录取，不敢把自己真实的家庭收入报过去，都是报得略微高一点，就怕别人不录取。"潘石屹说，"我相信中国的家庭啊，砸锅卖铁都要让他去那儿上的，实际上他们的负担就会非常重。"

据统计，在哈佛求学的中国留学生约有600名。今年8月，潘石屹特别向哈佛要求见他资助的第一批学生，8个中国本科生。"好像除了一个学生是在考试还是什么，其他的全都见到了"。

潘石屹和张欣喜欢讲述一个在哈佛听到的令他们非常感动的故事。一个孩子在泰坦尼克号上去世了，他的父母以孩子名义向哈佛捐了一笔钱，盖了一座图书馆。根据当时的捐赠文件，因为他们特别思念这个孩子,所以希望每天在图书馆放上一束鲜花。一百年过去了,这个图书馆每天都有一盆鲜花。"你想,对一个捐赠者来讲是很踏实,是吧?"张欣说。

那一次见面让潘石屹印象最深的是一个女孩子。这个女孩子家境一般,依靠潘石屹和张欣的捐赠只能付清学费,大概5万美元。"在哈佛,其实学习是很紧张的。"潘石屹说,这个小女孩打两份工,"还是挺不容易的"。潘石屹非常感慨但同时感到踏实,"就是见到中国学生了,这些学生都是非常优秀的,非常开朗的"。

经济学家姚树洁曾公开对潘石屹和张欣表示不满,提出了"房地产原罪说",并认为向国外大学捐款是"不爱国"的。即便向哈佛、耶鲁捐款遭遇质疑,潘石屹与张欣仍坚持这一项目是个人的慈善行为,"应该知道往哪儿捐,需求在哪儿。"张欣在接受凤凰卫视许戈辉采访时回应质疑。接下来,她希望发动更多的朋友参与这个项目,"我们没有想得那么复杂啊,是对中国学校捐还是对外国学校捐,我们要让中国的学生受益,这就是咱们唯一的标准"。

众所周知,潘石屹、张欣夫妇在中国社会以其广泛的社交能量著名,某种程度上,他们代表中国最具活力以及国际元素的面孔。他们会把与苹果总裁库克、Facebook的CEO扎克伯格见面共进午餐的照片放到社交媒体上,也会高调持续关注普及PM2.5的知识。与中国的一些传统商人不同,他们愿意与外界沟通,并认识到了视野、国际格局与知识的增长为人生带来真正的乐趣与满足感。尤为重要的是,在拥有足够多的财富后,他们身体力行提倡一种更高效有益的精英生活方式:钱往那里花?公益该如何做?

未来,潘石屹和张欣将通过SOHO中国基金会陆续向海外名校捐赠1亿美元。除了耶鲁和哈佛外,潘石屹和张欣还在与多所美国名校接触,"主要是她在谈,"潘石屹说,"整个工作量还是非常大的。"

12月4日,《纽约时报》刊登了张欣撰写的专栏文章The Rise of Chinese Philanthropist(中国慈善家时代到来)。在文章里,她回忆当决定要成立SOHO中国助学金时,自己想到2010年与巴菲特见面的情景。巴菲特鼓励高净值的社会精英和中国企业家参与到慈善事业中,并分享了经验,尽管他之前一直在捐赠,但有一天他忽然发现捐赠的速度并没有赶上赚钱的速度。80岁那一年,他决定把个人财富中的很大一部分捐赠给盖茨基金会。巴菲特的故事给张欣留下深刻的印象,让她开始考虑有规模的捐赠,而且是"不要等到太晚才做"。回顾2014年,张欣认为是"中国慈善界的转折点,且仅是个开始"。她写道:"尽管30年的快速发展造就了一代富裕的中国人,但是我们对慈善事业的投入远没有与财富的增长呈正比,尤其是和西方对比来看。不过,我相信这一现象正在改变。新一代的中国人感激社会变革所带来的机遇,回报社会的意识在逐渐增强,越来越多的人希望为中国和社会的发展做出贡献……我们这群快速成长的中国企业家并不想追求权宜之计,我们有着强烈的社会责任感,密切参与全球事务,希望能对中国和世界产生积极长远的影响。他们把这个看作自己的责任。"

总结自己的2014年,潘石屹用"丰富""丰收"这两个词,他强调自己这一年在事业、慈善、知识与思想境界上有所成长。他喜欢温暖的感觉,当《人物》记者问如果有一项能力可以改变社会,他希望是什么?他沉思了一会儿:"上帝如果要赋予我一个能力,要让这个世界改变的话,我希望这个世界变得更加温暖,更加美,更加友爱。"

辑四

PART 4

方 向

……

成功者是比对手多做一下的人

知乎周源

文火熬汤

作为一个若非大家要求,
在合影时都不会主动站在中间的人,
知乎CEO周源带领一个半封闭长达两年的网站
在竞争激烈的互联网社区中快速突围。

"认真你就赢了"

2015年7月，在北京、上海的地铁、地下通道和写字楼里，知乎开始了第一次广告投放。相比请明星代言、醒目大号字体、直截了当的二维码，知乎的广告艰涩而模糊：海报上字数非常多，且不好读。"薛定谔，46岁，诺贝尔奖获得者合影中。距离回答'如何通俗地说明哥本哈根诠释存在哪些问题'，还要再养两年的猫"。在人流量极大的地铁站，如果你只是一眼扫过，很难理解广告内容。

无论是体验或科普类回答，知乎用户都习惯用一种在中文互联网上极为罕见的"认真"态度做长篇大论。为什么给猫在身子一边贴上胶布，猫就会斜着走路？诸如这种看似无厘头的问题，会有生命科学专业的研究员引经据典，从心理学英文论文引述到神经科学期刊，讲述自己的猜想。"认真你就赢了"是早期许多知乎用户的信条，后来也为知乎官方所接受并作为宣传视频的标题。

周源先生是知乎的CEO，当问到其性格在知乎产品中的最大体现时，他的回答是求实，"现在创业大环境的确是很浮躁，我希望知乎团队一直保持真实的自我，不浮夸，不吹嘘，对内对外保持信息一致。"周源说。他把求实既看作态度也看作方法。"周源很实诚，我常跟他讲的就是：好，你说我就信啊。事实上他说的都会做到。"知乎VP（vice president，副总裁）白斗斗说。

知乎用户斌卡在知乎开设的健身科普专栏拥有19万关注者，他第一次来知乎，就发现这个网站的人群阅读、思考的习惯非常好。

"在知乎比较受欢迎的分享答案，都是一些可能虽然看起来不是很有趣，但是分析很深入、资料很齐全。所以，我就觉得至少在这个网站上分享一些专业的东西，不会说写一大堆也没人看。"斌卡对《人物》记者说。

在他看来，知乎很多用户认为"无论我做什么事情都要有追求、有品质，可能喝一杯水、买一个包都会有追求"。

在知乎上回答问题3个月后，斌卡的专栏和答案迅速升温，半年后，他不仅出版了自选集，还获得了顺为资本的数百万投资。现在，斌卡的新书《硬派健身》在亚马逊健身与保健新品排行榜里排名第一，他的微信公众号关注者达到50多万人。

文火熬汤

2015年5月,知乎这个创业5年多的互联网社区已经拥有2000多万用户,全站350万个问题横跨10多万个话题领域。每天,站内用户贡献十几万个回答,相比之下,一个新闻门户网站一天大约能发布3000篇新文章。

2010年,当周源决定做一个高质量、能认真讨论严肃问题的社区时,市场并不看好。

"所有人都觉得做社区基本上已经跟创业公司没有关系了。百度很厉害,腾讯很厉害,然后你基本上不可能再起一个新的社区,否则百度导导流量、腾讯搂搂用户就能把你给干掉。"创新工场联合创始人及管理合伙人汪华说。2011年,知乎上线两个月,知乎获得创新工场A轮投资。"我就觉得高质量用户会比较理智,而低端用户更容易从他们身上去获取商业价值。所以,当时外界其实对知乎也有很多不看好,觉得是一个有趣的东西,但不觉得是一个做大的东西"。

创造一个高质量的讨论社区,决定了知乎的培养途径与贴吧、空间、微博等必然不同:流量或总用户数不重要,社区文化、核心用户这种需要耐心与积累的软性指标才是关键。

2011年初上线后,知乎经历了长达两年的半封闭期。在这两年里,用户登录知乎必须通过邀请码。淘宝上,120元一个的知乎邀请码一售而空。

知乎上线后,百度出品了"百度新知",定位是基于搜索的社会化问答网络平台,类似的还有湖南广电旗下的"他在网"。投资人和站内用户都建议抓住机会扩大规模,但谨慎的周源和知乎团队没有这么做。就像文火熬汤一样,现在知乎所谓的能持续产生优质答案的"头部领域",比如互联网、创业、心理学、健康、电影、财经等,都形成于邀请制时期。一些没有纳入规划的话题,比如考古、滑雪等,也因为用户的自发讨论渐露轮廓。"在2013年初,互联网的头部领域产生的优质内容,那个量就是已经比门户科技频道的要高了。"知乎市场部负责人魏颖说。

在今天,和知乎类似的网站很多迅速销声匿迹,汪华把这归结为太快推广和开放难以控制用户类型导致网站很快变味。"如果你是一个大公司的内部团队的话,你如果半年、一年KPI都没什么增长,这个项目也很悬了对吧?"汪华笑着说。知乎作为创业公司的优势就此体现。

每个人的知乎

问答是知乎的核心,评价回答好坏的标准是投票,这包括赞同、反对、感谢和没有帮助。最初排序中,赞同票减去反对票,得票高的答案就排在前面。但知乎很快发现,对于专业的判断力,普通人和专家的反应有时差别极大。

一个名叫"猎鹿人"的用户曾在知乎上博取大量关注,这个教育经历写着哈佛大学数学系、职业经历在高盛的新用户,主要回答教育、常春藤、社会新闻等话题的提问。其答案中充斥着臆断与故作高深:"学经济就是个特别势利的学科。就是说赚钱多的人不一定水平高,但是赚钱少的人一定水平低。""在美国这类描写社会的畅销书有个特点,越缺乏常识越脱离实际卖得越好。"但是,在不到1个月的时间内,他的27个回答收获了27000多名关注者和35000多票赞同。

引发关注后,知乎上出现了"怎样评价知乎的用户猎鹿人?"的提问,猎鹿人仍然谈笑风生:"知乎上几位想黑人的水平也太低了吧……"233位用户赞同了他的回应。

一天后,知乎官方账号判定:猎鹿人与其他数十个账号长期使用同一IP地址,并合作互相刷赞,判定为作弊并将其封号。在此之前,知乎就曾受到过经济领域专业用户对其专业性的质疑,便将其列入持续观察的对象。

"大量的问题就是因为它语言非常有煽动性,它本身质量很低,但是它煽动性很强,误导性很强,所以它排到了前面。"知乎产品设计师、北京大学数学系毕业的黄涛说,"它会故意忽略你的那些逻辑细节,用一些排比句,用一些煽动性的表达措辞,然后调动用户的情感,用户就会去投票。"

黄涛的团队负责知乎的算法和排序。2014年,为了能让更多真正优质内容更好地呈现,知乎在投票机制中加入了权重:在某个话题下拥有高质量回答的用户,他在这一话题的投票将比普通用户更能影响答案的排序。

"新注册用户的权重是非常低的。可能注册1000个用户去刷赞,这跟其他另外十几个人点的票差不多,所以它的成本非常高。他如果做得太过了,搞10000个人来刷赞就太明显了,非常容易被我们发现,被我们发现了就直接把他干掉。"黄涛说。

如果一个问题每天有大量回答产生时,新出现的优质答案便很难排到前面去。对于已有的高票回答,用户会认为自己的赞同或反对票不会影响现状,也倾向于不再投票。

黄涛采用了一种被称为"威尔逊得分"的新回答排序算法:当总投票数较少时,回答如果获得投票,得分会快速增加。随着总票数变大,得分增加速度越慢。这意味着,同样获得一票赞同,新出现的回答将比原有高票回答得到更多分,也会上升得更快。而新答案总投票数接近原有答案时,知乎会根据赞同与反对票(都是带上权重的)的比例计算出答案的内生质量,赞同票比例高的排在前面。

这也造就了今天知乎的答案排序局面,新出现的优质回答更容易排到前面,在极端情况下,赞同个位数的答案都能排在万票赞同答案之前。不过,这一现象只会持续在一个比较短的时间,随着时间变化,最终还是最优质的内容被沉淀下来。是否优质是由相关领域专业用户来评判的,当该领域大部分用户都认可,那就视为足够优质。对于金融、科学、互联网、汽车等这些知乎发展比较好的专业领域,沉淀速度比较快,一般两周到三周。天体物理学、清洁能源、家居、个人理财、户外运动等尚在成长中的话题沉淀时间则会长一些。

2013年开放注册前,知乎团队问过自己一个问题:"到底是做一个小众网站,还是一个大部分人都能使用的网站?"他们的回答是后者。

这也符合周源创立知乎时的初心:把存在于每个人大脑里的知

识、经验和见解都挖掘出来,相信每个人的脑子里都有别人所需要的东西。直到今天,每一个新注册的用户都能自由地提问、回答、评论,用黄继新的话来说,这是一个UGC(用户产生内容)流在血液里面的一个团队。

在团队内部,对同事充分的信任与放权也是周源认为自己在创建知乎后最大的改变。"我第一次创业的时候是一个什么事情都要管的人,从中午吃什么到未来3个月公司要做什么,我都要管。后来我就成了公司的天花板了。"周源说。

做知乎以后,他变得很放权,信任和尊重他的团队,结果发现他们在各自专业上都比自己厉害100倍,成长得很好。

知乎内部的人说过前几次公司年会,若非大家要求,周源甚至是一个在合影时都不会主动站在中间的人。

知乎公关李姗姗提到自己和周源工作的感受是,周源非常尊重她的专业。"外界很多都在鼓吹说,创业公司的CEO你就应该比较武断,你就应该独裁"。

今年,知乎组织了一次大型线下聚会,因为人数超过一定规模就会面临非常复杂的审批,所以需要市场部协调。此时,周源、黄继新都非常配合,市场部有什么安排,他们都会照做。

这些都让知乎和其他创业公司有截然不同的气质,在与《人物》记者交流中,知乎公关认为很多创业公司会凸显CEO的个人英雄主义气质,但知乎的用户最不在乎这个平台的CEO是谁,他们更享受这里的内容本身。

耐力持久的天生创业者

2015年3月8日,一个问题在知乎和中国互联网上迅速传播。"你为什么会从恒大集团离职?"这一简单的职场问题引来179个回答和188万次浏览,不乏对恒大集团文化以及许家印本人的批评、指责。

当天,得票过百的数个回答无法正常显示,一律变成"回答被建议修改:违反法律法规的内容"。还有62人的回答被折叠——这是知乎问答区中一种特殊的处理方式,当一个答案被点击足够多的"没有帮助"后,它将进入最底部的折叠区,只有点开才可见。

但这次似乎并不是自然折叠。知乎用户牛继业写了个"扒恒大水军皮"的答案,两三个小时后再去看,已经被折叠了。"我没有收到消息提醒。后来也没有得到他们的任何解释。"牛继业对《人物》记者说。他在知乎上拥有2万多的关注者,答案总共获得10万多的赞同票。

5天后,知乎官方账号"知乎小管家"在"知乎现在是被恒大公关了吗?"这一问题下声明:恒大集团向知乎提出侵权举报,并提供了证明相关用户的言论与事实不符的材料和承担法律责任的保证书。

"既然它有可能是谣言,它为什么要传播得那么广?"知乎CEO周源反问《人物》记者,"你怎么知道那个事情是真的?"

"我不知道它是真的,我也不知道它是假的,但我也没有必要把它答案关掉。"记者说。

"它不是有没有必要关掉。如果它有可能是谣言，那这种事情就是需要对它进行处理。"周源坚决地说。临别前他仍在强调知乎不欢迎"可能的谣言"。知乎法务有一个"非常严谨的流程"来处理这类事，尽管再三考虑后，知乎法务拒绝了采访。"应该是专业的人去收集和列举、呈现专业的证据，专业的人进行讨论和辩论，然后专业的人来判断。"知乎联合创始人黄继新说，"知乎不能变成一个人民审判的地方。"

相比于门户网站和某些传统论坛，知乎并不喜爱利用争议性话题来提高知名度。在知乎，转基因和中医同样是两大热门话题，相关问答常常能引发激烈论战，包括"安卓和iOS系统/小米和魅族哪儿好"这种必然引发互掐的提问，知乎官方会刻意回避推荐这类问题。"这类问题没有提供价值，它提供大量的流动性和关注的眼球。"周源认为。

白斗斗肯定了周源处理问题的方式，在她看来，周源一直是个观察者和判断者、目标一旦明确就耐力持久的天生创业者。

她认为就创业公司的发展而言，很多人比较崇尚要快跑，先做了再说。当然如果你就是天才，能快速做正确的决断，先做再说是可行的；但就现实来说，周源这种能不停观察、不停从每次观察里吸取结论，并不断完善自己思维架构的人，他的决策更令团队信任。

吴欣鸿

只要你在社交平台上
是美丽的

当每个人在虚拟世界的个人形象越来越重要,
当现实世界和网络世界的分界在未来越来越不明显,
吴欣鸿和他的美图帝国会成为你虚拟形象的管理者,
满足你在这个正变得越来越庞大的世界中
呈现理想形象的渴望。

无心插柳柳成荫

2015年10月18日，拍完整整4个小时的《人物》杂志封面和视频，美图公司CEO兼创始人吴欣鸿先生马不停蹄地和董事长蔡文胜一起去拜见了某位活佛，他坐到记者入住酒店咖啡厅接受补采时已是晚上10点半。当记者提到两天前的媒体见面会时，他自述创业7年是从一个完美主义者变成不完美主义者，吴欣鸿做了个打断的手势，"我是反完美主义者。"他强调。

截至2015年7月22日，美图公司移动端用户总数已超过12亿，覆盖了7.5亿台移动设备。美图在移动端获得如此大的成功，得益于2010年便登陆手机客户端抢占先机，但按吴欣鸿的说法，那一次他是被迫的。

和大部分中国互联网公司不同，美图总部在厦门，之前只有PC版产品。决定开发手机端时，吴欣鸿在厦门根本找不到足够的工程师或者UI（用户界面）设计师。以他的性格，这种粗糙的产品绝对不能问世，但蔡文胜反复催促，吴欣鸿不得不把PC版美图秀秀最主要的美化功能单独提出来做成手机客户端，当时的手机客户端功能只有最基本的，界面也很简陋。吴惴惴不安，他还不习惯"发上去再说"。吴欣鸿白净、儒雅，当他说到这款不满意的软件上线后意外取得的成绩,他依然震惊,"美图的手机客户端直接就到排行榜的榜首了"。

这种无心插柳的事件充斥在了美图创业史中。吴欣鸿喜爱摄影,现在的美图产品副总裁北够就是在一次摄影论坛线下拍摄活动中认识他的。"追车"是吴欣鸿最享受的拍摄手法:别人开车,他坐在副驾驶,然后探出头去拍后面追逐中的跑车。但他不喜欢复杂磨人的修片,他常常面临的困扰是,外拍结束,模特会着急找他们要修好的照片。于是,他想给很多像自己一样懒得学Photoshop(以下简称PS)的人开发一款简易的美化图片软件。当时市场上,已经有了专业的修图软件PS和稍简易些的国产修图软件"光影魔术手",这两个软件分别针对专业摄影师和摄影爱好者,美图的定位是对图片处理一无所知的大众。

但研发过程中遇到了困难,美图秀秀很多细节不符合吴欣鸿这样一个摄影爱好者对图片的要求。比如,在处理单反拍出的照片时,美图会建议缩小,这样像素就没那么高了。美图秀秀最早出现在PC端,一开始吴欣鸿看到这些并不完美的处理效果心里很难受,上线时很沮丧,但用户反馈很快抚慰了他,他发现人们狂热渴望一个能够修饰自己的软件,至于那些细节是不是完美,用户根本不在意。

在网络上,虚拟头像就像现实生活中的脸一样重要。美图秀秀问世后,美图团队观察数据发现,在特效、美容和闪图这三大模块中,美容模块的使用率一直是最高的。很多修图都是人像,尤其90后用美图做了非常多的QQ头像。在QQ空间和某些潮人社区,吴欣鸿一眼就能看出好多用户的头像都是用美图修过的。"它的一个数据表现很强,其实我们都没推,没多久一天就有一万多日活(日活跃量)。"北够说。这一切改变了吴欣鸿的初衷,当惊讶地发现美容模块的流行，他果断让美图从大众版PS变成了主打美容功能的修脸工具。

人性就要假装高大上

吴欣鸿意外地发现了人们对自己网上形象的重视，在一开始，这些形象只是存在于用户的头像和个人空间，但社交网络的兴起让人们越来越频繁地在互联网发布自己的照片，现在就连滴滴顺风车司机也会看看自己顾客的颜值再决定是否接单，网络形象越来越多地取代现实形象，美图秀秀在这一趋势下持续风靡。

吴欣鸿自此把"美图秀秀"定位为虚拟世界的化妆品。"美图秀秀、美颜相机和美妆相机就是提供这种化妆品。"他对《人物》说。

这款"虚拟世界化妆品"远比实际化妆品强大得多，美图产品经理们几乎设想出了用户自拍的所有可能情境，他们可以让用户在沙县小吃吃饭时，或者在只有一盏台灯的卧室里，用户也能拍出高大上的图片。

美图产品副总裁北够说，开始，他以为用户的拍照环境和自己在厦门差不多：阳光、环境干净、明亮。后来他意识到完全不是这样，用户的拍照环境"非常的恶劣"：灯光黑暗，整个房间只有一盏节能灯。美图开发了大量算法和设备去让这些恶劣环境中的照片也变得"高大上"。

"我们每个人或多或少都希望呈现给大家好的一面"。7年后，偶然发现并抓住人的这一欲望的吴欣鸿已然深谙并洞察了它，在办公室里,他对《人物》记者说:"有的人实际生活很苦,但是他假装到了一个高档场合,假装自己很高大上。这就是人性。"

美图秀秀出现前,自拍也远没有那么流行,拍完也不一定会修图。在今天,美图挖掘了人的这一欲望,并深耕出一整套逻辑。美图秀秀让人在虚拟世界变美,在自拍控的描述中,它实际、简单、耐用。

美图用户、南京的大四学生朱婷婷来自一个小山村,最开始她用美图是做证件照。以前,如果想拍照,她需要花15~45分钟化妆。现在,手机应用会自动帮她磨皮、美白、瘦脸、上妆。如果眼睛睁不开,美图的滤镜还能做出朦胧美。"不需要出门的话,我早上刚睡醒,也可以不洗脸,直接拿着手机就拍了。"她自信地说。从此,她摆脱了收费不菲的影楼,解决了化眼影、眼线时手抖得尴尬。

美图让女生爱上了自拍,也对修图上瘾。美图用户张莹以前拍完照大概瞄一眼,觉得差不多就会发到网上。迷上美图之后再拍照,她都必须修过后才敢发到社交平台上。有一阵子,网上流行过一张图,两个闺蜜一起拍照,结果她们都只修了自己的照片就发了,在对方照片里的自己都惨不忍睹。为了维护友谊和形象,张莹和朋友们约定:"不管谁P照片,一定把对方都P好了以后再发上去。"

深谙自拍的美图控们是一群对自己身体和面部构造都极其熟悉的人。朱婷婷自称"手短脚短",她很少发全身照,除非搭配上广角镜头。有时她一天甚至会自拍200多张,只有睡觉时她才会让手机离手,微博单次上传照片的数量限制(9张)显然并不能满足她,她还会用拼图应用,在每张照片中再拼入5张自拍。庞大的自拍量使朱婷婷有时要带3个手机和两个充电宝。

朱婷婷也兼职做保险、导游和超市促销员。她羡慕那些通过发美照成为网红、模特的人，不过，网红们细长纤瘦的身材让这个1米55的女孩望而却步。"现在应该算是我整个人生中最美的年华，我应该去多拍一些照片，在我老的时候，可以让我去怀念我当初是什么样的。"朱婷婷说。在这种渴望下，美图和自拍是她记录青春的方式。

不会PS的摄影师是好的产品经理

2007年，吴欣鸿做出第一个成功的互联网产品。那时他加入了一些90后的QQ群，有一次对话框里出现了各种奇怪的表情和符号，也就是现在所说的"火星文"，吴欣鸿很快从这些难懂但流行的符号中看到机会。他和他的团队做出一套更易上手的"火星文"输入法外挂，瞬间引爆。

他们做"火星文"只用了3天，但极受大众喜爱，2007年年底，用户数量就突破了4000万。在那时，吴欣鸿明白，把复杂东西简单化，让用户便利非常重要。

2007年的中国摄影论坛流行拍年轻漂亮的女孩，大光圈、虚化背景、唯美的"糖水片"，达成这一切的手段是PS。那个年代，PS对摄影师的重要性如同Word文档对写作者。女生皮肤黑，就用色阶工具把它调得白又柔和，如果有杂斑和色块，就用模糊工具、暗部选区去掉。但让人意外的是，直到现在，吴欣鸿都没有掌握PS技术。他用的是台湾的一款更简单的修图软件，"这个软件会比较傻瓜一点、一键化一点，有些预设的效果。"北够说。即便如此，软件上仍然有不少的按钮，吴欣鸿也嫌烦琐，用着"不爽"。

和吴欣鸿相反，平面设计专业出身的北够尤其擅长用PS研究新的颜色，他开发了多种帮女生照片美容的方式。比如磨皮，他随口就举出了三种用PS磨皮的方法。

当吴欣鸿决定做一个中国大众版的PS，不会PS恰恰成为他的优势。"他不会被既定的思维所限制。他才不管图层概念、钢笔、通道等功能，他心里只有如何一键化到达效果。"北够强调。

在那时，北够这样的修图高手积累了许多女性照片美容的经验，比如女生脸宽，就用液化工具往里面拉，这在后来成了美图的瘦身瘦脸功能。2009年决定创业的吴欣鸿邀请北够加入了自己的公司，在合作中，吴欣鸿要求所有操作都要变得无比简单，他要做的是一款"主打一秒、一键，比PS简单100倍的修图软件"，让完全不懂图片处理的用户也能做出美丽的照片。

在PS里，磨皮长达10多个步骤，在美图只要"一键"就可以简单完成。但在一个专业摄影师的眼里，美图秀秀的磨皮和PS截然不同，PS把皱纹暗疮都修掉后还能保证皮肤纹理，但美图秀秀会让人看起来溜滑、光亮。吴欣鸿承认用PS处理10分钟，理论上会更完美，"但是90%的人觉得这样够了"。

这种产品逻辑延续到了美图所有爆款产品上：美图秀秀是一键美化，美拍是一键式MV，美妆相机是一键上妆，核心都是"一秒高大上"。

美妆相机是美图今年推出的一款APP产品，主打不花钱、不费力，就能拍出妆后效果。做美妆相机时，产品团队还纠结过，是单独提供睫毛、眼线、唇彩等道具，让用户自己去组合，还是提供一整套完整的妆容，最终他的决定是采用后者，理由是妆容搭配对用户来说太难，用户想要的不是搭配的乐趣，而是快速变美。美妆相机上线24小时后，就达到了App Store免费总榜第一。"我们没有刷过榜。"吴欣鸿斩钉截铁地说，"这个我可以发誓的。"

唯效果论

美图迎合了大众在虚拟世界修饰形象的欲望，提供着简单、易上手、一键化的产品，这些都是它能够快速获得用户青睐的原因，也让吴欣鸿找到了做产品和激励员工的方法：唯效果论。

在厦大，美图产品经理姜师傅上一秒还在讲古树是这所学校悠久历史的证明,下一秒他就沉浸于微信工作群中。前一天,世锦赛男子100米自由泳宁泽涛夺冠,美图在赶制一款新的图片素材。

这天,台风登陆福建,厦门海沧大桥封路,不能上班的姜师傅用手机远程指挥同事完成了作品。最终成品是这样的:女生照片登上杂志封面,左下方是宁泽涛,一个箭头斜指上去,"图疑为宁泽涛女友恋情遭媒体曝光"。"互联网行业就是这样,7乘24加班制,不能错过热点。"姜师傅说。有了这个素材,用户就可以把自己P成宁泽涛的女友。

传播度也是美图新媒体总监小霞的第一工作目标。卖萌在网络上很流行时,美图官微就会发兔子、猫这种萌物来提高转发量;测试热,美图就做星座测试、超能力测试和速配指数等;现在,无下限、无节操的营销手段流行,新媒体的尺度也变得开放。

最近一部全网获得3000万点击量的招聘视频中,美图把前台设定为异装癖,满身肌肉的HR(人力资源)是暴露癖,吴欣鸿也成了啰里啰唆、跑车后拖着一串Hello Kitty气球的老板。这部片子的演员都是美图员工,脚本自己来写,拍摄也是请来的好友,广告的制作成本远低于硬广告。

这种传播策略,加上门槛本来就极低的大众产品,使得美图在PC时代就以低成本圈取了大量用户,几乎不需要额外的硬广告。2009年,微博出现,美图董事长蔡文胜断言,微博一定会火,公司一定要有微博账号。除了美图,蔡文胜还投资过一堆草根微博大号,掌握了超过1亿粉丝。微博最火的时期,美图秀秀连续两年都是企业官方微博影响力第一名。

追求用户反应既是美图的信仰,也是其调动员工积极性的手段。美图内部,这方面的能力决定了员工的职位是否可以晋升。阿亮设计了美拍第一批上线时的全部11个特效。上线后24小时，美拍冲上App Store免费榜第一名，因美拍的成功，2013年毕业的阿亮很快成为视效设计总监。

HR把这看作美图企业文化的杰出之处，它给了年轻人空间。美图员工平均年龄24岁，一直将自己视作一家年轻的创业公司的员工。很多人并不知道美图总部在厦门，每次去北上广招聘时，HR都会强调年轻人在美图比"BAT"这类互联网巨头更能发挥个人能力。"钱是其中一部分，更重要的是对未来有足够的想象空间"。

在北够眼中，改变也在他和吴欣鸿之间悄然发生。做美图之前，胖且留着中分长发的吴欣鸿常被员工嘲笑远看像中年妇女，他喜欢穿深色衣服，习惯"自己玩自己的"，当时美图的一则推广戏称他和蔡文胜两位创始人开的是"夫妻店"。

创业以后，吴欣鸿不仅瘦了，打扮、服装也更潮，娃娃脸，常咧嘴笑，看不出来他已经是9岁小孩的父亲。"完全逆生长，他没有健身，就是整个心态变年轻。"北够说，两个人在KTV里唱的曲目也发生变化，"我们现在都唱TFBOYS。"

一切都是最好的安排

吴欣鸿学画画出身。上高中前，他在杭州的中国美院待了两年。他认识的不少艺术家朋友要么选择画"行画"（流水线生产的商品画），要么去美术培训班当老师，这些朋友大都生活拮据。吴欣鸿花钱大手大脚，一个学期的生活费只有2000块钱，他会拿六七百元去买一本罗浮宫的藏画集。他想，如果以后当一个画家，他可能买本书都要考虑很久，这不是自己想要的生活。

上学时，吴欣鸿文化课成绩不好，在学校属于非主流，被同学看不起。他记得有人曾对他说："你成绩这么差，也没上大学，你以后怎么生活？"初中时，他的父亲做生意被人骗了一大笔钱，"否则的话我应该是个富二代"，这加重了他的不安全感。在他明确发现画画最多只能糊口，绝无可能支撑家庭之后，他马上把摄影和绘画从未来的职业方向中排除出去，尽管高二时去考清华美院绘画系，他是第一名。"那个第一名也只是说学院派体系里面的第一名，我不觉得那个是一个多大的……就比如说不代表创造力"。放弃绘画，吴欣鸿没有任何失落。

在互联网世界，吴欣鸿感受到了前所未有的快感。抢注到世界级域名的成就感比绘画大太多，从域名投资中，吴欣鸿挣到了自己的第一桶金。18岁，还在上中学的吴欣鸿看到一条新闻，一个叫做"business.com"的域名在美国卖了750万美元。这个财富奇迹让他很兴奋，当即向家里借了1万元，他开始每天从英语词典里挑选单词再到互联网上购买。

当时许多优质域名已经被抢注过了，但吴欣鸿和很多全球其他域名投资者发现，不少域名所有者会忘记续费，这样每天都会有好域名失效，可以重新抢注。吴欣鸿非常兴奋，为了适应美国时间，他凌晨1点起床，抢一个通宵，有时运气好，会抢到世界级的好域名，出去买早点时都是雄赳赳气昂昂的，感觉自己改变世界了。他兴奋地向《人物》记者炫耀自己"10"开头的5位数的QQ号。"吸引力非常大，就是因为通过域名投资发现了一个新的世界，这个新的世界带来的这种成就感、快感，太棒了！"

高中毕业后，成绩不好的吴欣鸿没有去念大学，他利用手上一个好域名520.com（谐音"我爱你"），想山寨QQ交友。他的想法非常宏大，在网站里加入各种功能。他控制欲又强，对别人的工作总不放心，数据库、前端代码、UI、产品，包括后台，他都试图掌控。两年后，他账上的最后一分钱花光，闭门造车的创业梦宣告破灭。

创业失败的吴欣鸿加入了蔡文胜的团队，2006年到2007年，吴欣鸿做了近30个产品，从股票、视频到资讯，绝大部分也都失败了。这个想通过创业、赚钱证明自我的学生没有退路，那时吴欣鸿的压力非常大。"我会千方百计地要做到没有疏漏，要绝对成功"。

他精心打造的520.com做了整整两年，却血本无归，但顺势而为的美图却意外击中了人们的欲望，飞快成功，对比两件事，吴欣鸿总结的经验有两点，一是"先完成再完美，完成比什么都重要"。二是，不要有太偏执的功利心，成功总是出现在意想不到的时刻。

这些都让吴欣鸿开始从禅中寻求共鸣。"过去发生的好多事情基本上都是机缘巧合，但凡马后炮什么总结的都是虚无的。或者说，但凡这种你前期很刻意地去迎合的创意，其实大部分都不work（工作），所以我特别信奉自然的生长规律。"吴欣鸿告诉《人物》记者。

这天，他随身带着一本加措活佛写的《一切都是最好的安排》。

中国人的东京

即便"误打误撞"，吴欣鸿和美图也把握到了一个大有前景的创业方向。随着人们越来越习惯于在网络中社交，虚拟形象也就变得越发重要，只要你在社交平台上是美丽的，陌生人谁又会深究你的真实模样呢？

美图的野心正从虚拟世界扩展开来，它在开发智能硬件，以及将变美、游戏与电商链接起来的游戏。7月22日，751D·PARK北京时尚设计广场，美图产品发布会。主舞台两边，分别搭起一间粉色的服装店，就像漫画四分页刻画着试衣间、镜子、衣橱的粉色邀请函。整个现场就像一个粉红色的梦境。

发布会的新产品之一是手机游戏"美美小店"，玩家可以定制妆容、搭配服饰、经营小店，"他们可以快速获得时尚知识并提升审美品位"，玩家在游戏中搭配好的服饰妆容，以后也许就能在电商上直接购买。虚拟世界与现实世界的脸将越来越融合。"我相信30年后虚拟世界和现实世界的美，界限会越来越模糊。"吴欣鸿说。

美图面临着一个商业悖论。国内某基金曾分析过美图做社区的可能性，后来放弃投资，理由是，使用美图的人不希望被人知道自己使用过。

2012年，美图创立美图网，一个以摄影为兴趣的社区，2013年又成立美陌，主打基于照片和地理位置的陌生人社交，但都失败了。"我觉得作为一个用户来说，如果我P了照片，发朋友圈直接用美图秀秀分享过去，底下有一个美图秀秀的logo，大家就会觉得你没有这么美。我希望让大家觉得我本来就是这样好看的。"一位美图用户说。

这种心理也符合美图在数据上的表现：妆容上，美图用户最爱的是裸妆系。这不是说不化妆，而是指妆容自然清新，若无胜有。

国内用户特别喜欢看似没有修饰过、但又能让画面变美的"轻特效",含蓄、舒缓,处于"过于真实"和"个性化"之间,既能让特效成为用户自拍的点缀,又不会太轻,不会暴露出用户所处环境的缺点。

但是美图的"社区梦"却在2014年5月主打短视频的美拍上线后实现了。截至2015年7月,美拍已拥有1.6亿用户,1400多万日活跃数。北够将此归功于"效果的垄断",即美拍首创的视频效果集合了视频剪辑、背景音乐、滤镜效果。"当时图片的处理很难有一个非常强烈对比的效果,没有像美拍这种。美拍的效果是前无古人的"。

美拍在视频中自动加入剪辑、转场特效、滤镜、动画等元素。哪怕只是几秒钟静止自拍,画面也会变幻摇曳,这些效果的灵感来源是MTV,在北够的描述中,它提供了一种梁静茹站在草地上,长发飘飘,在里面唱歌的感觉。

做美拍前,美拍团队总结之前短视频应用为何失败,原因的其中之一是"太过真实"。以前,国内短视频应用大都参考国外,把生活化视频拍出来,加一个背景音乐,但美拍团队发现在国内这种视频拍摄方法没法流行:国人的生活环境和国外差距很大,普通用户的住所既不高级,城市建设也很糟糕,可能遍布垃圾,他们没有高大上的东西可拍。如果国内的视频应用也模仿国外,一镜到底地原生态记录,"只能很直观地反映出他的屌丝生活。"北够说。

在7月22日那场发布会上,吴欣鸿将自拍发展史分为"磨皮美白、大眼睛、瓜子脸"的1.0时代和欧美范的2.0时代,美图在那晚还推出了一款自拍软件"潮自拍",将涵盖纽约、好莱坞、夏威夷以及东京等风格。

这听上去颇像试图引领下一场审美潮流的自我颠覆，但实际上，即便主打欧美风，"潮自拍"也是贴合中国用户想象中的欧美，而非现实。

以东京为例，美图团队去过日本调研，但当发现真正的东京是一座色彩包容度很大的大都市，不同于中国人印象中的东京，他们立刻放弃了。美图最终提供的是符合中国人印象的东京。

在产品经理的描述中，那个东京是柔和的、小清新的，"天很蓝，有很多绿地、雪，很梦幻的那种，就像我们看日剧里面的色调"。

沈南鹏

坚持"价值投资"
十年

沈南鹏和红杉资本中国基金坚持"价值投资"10年，
关注企业的真实价值，帮助创业者成长，
专注用科技创新改造中国人的生活。

只要你还在创业,绕来绕去都会遇到红杉

一身中式西装的沈南鹏先生走入办公室,他刚刚打完一个会议电话,姗姗来迟。为了保证采访时长,他将原本定在中午的另一个视频拍摄挪到下午3点。在红杉资本中国基金(以下简称"红杉中国"),时间是一种比资本更稀缺的资源。

"Return on capital(资本回报),这是所有基金都看的。但是我们也看另外一个词,就是return on time(时间回报)。"沈南鹏说,"hourly(按小时)。"

沈南鹏很看重这种"职业精神",尽管现在红杉中国已经有一百多人,他非常注重所有成员,无论是法律、财务、行业投资团队,都必须步调一致。"如果任何一个人没有很好地反映出整个红杉的投资文化的话,都会打低我们在创业者面前的分。"沈南鹏说。

确保团队的纯度,是红杉中国这支为期10年的老牌基金在建立之初博得投资人信任的筹码。

2005年,创业成功的沈南鹏离开自己担任总裁兼CFO、市值10亿美元的携程网,创立红杉资本中国基金,首期募集两亿美元。两年后,红杉再筹7.5亿美元,主投信息科技、消费和医疗健康等行

业,这在当时是一个大数字。同年,百度市值仅36亿美元。

募集这笔钱时,沈南鹏面临一定的挑战。现在名满天下的大众点评、奇虎360、诺亚财富、高德,在当时都还是商业模式尚在试水中的"小"公司。

2007年时,360刚开始在杀毒上发力,还没进入浏览器和搜索市场,大众点评还只是Web2.0的一个餐饮评论社区。基金创立两年,红杉投资的企业都还处于企业发展早期。没有人相信评估报告上对它们的估值,即便这些报告以最保守的方法估算。

现在回看,从个人电脑到软件、互联网、移动互联网的道路清晰自然,但在这背后走上"岔路"而逐渐销声匿迹的基金和创业公司不在少数。

事实上,在移动互联网出现前,大洋对岸,硅谷的一批风险投资家认为互联网的发展已经接近尾声,清洁能源成为风投新宠儿。"风险投资家聚集在硅谷著名的沙丘路上。"《连线》杂志评论当时的情形,"那些曾使传媒业成功转型的企业家和科技投资者们准备把硅谷变成清洁能源版的沙特。"2005年,风险投资家们在清洁科技上投入数亿美元,次年,激增到17.5亿,到2008年,累计投资跃升至41亿美元。

认准"新经济"尤其是互联网行业的沈南鹏只能用团队去说服把钱再次投给红杉中国的人,而且是既做VC,也做PE投资,红杉中国的团队成长极其迅速。红杉中国非常注重新人的培养,会给每一个新人配备导师,将红杉的投资理念输导给他。无论他们之前来自什么行业,每个"新"人经过几年的历练,都可能成为某个行业里投资的"专才",秉承同一套研究方法论。"有人问我们说红杉基金里谁是做行业研究的,我说每个人都是研究员。"沈南鹏说,在办公室里接受《人物》记者采访时,每隔十几秒沈南鹏就会对着镜头笑一笑,轻松地打消你的顾虑,他的眼神依次扫过房间里的每一个人。

沈南鹏对"新经济"和互联网的坚信不久得到了回报。两年后,移动互联网开始爆发,它带来的所有红利都被在这个行业里不懈耕耘的公司捕捉到。

据此前公开报道的交易推断,2007年成立的"红杉中国"二期基金年化净收益率近40%,这意味着,8年前给予红杉信任的投资人,收获了10倍以上的收益。而全世界投资到能源类企业的风投,在1995~2007年间,仅有1.8%的企业实现了上市,让投资者得到了明确的回报。

2015年,美团和大众点评、赶集与58同城、携程与去哪儿合并,让红杉中国投资的这些企业更加稳固地占据市场主导。在美股,红杉中国投资的多家美股中概股公司在私有化过程中,包括360、博纳、陌陌,市场预计它们将在A股会有更多的追捧。

把目光缩短到近几年,红杉中国的投资名单里也已不乏独角兽:无人机技术世界领先的DJI大疆科技、现象级流量的游戏直播平台斗鱼直播、达达物流、华大基因、深圳新产业等等。现在,大疆已是世界上最大的消费级无人机制造商。媒体报道,有投资人跟踪4年都无缘入股,但红杉中国在2013年A轮融资时,就投资了如今估值百亿的大疆。

就像美团CEO王兴所说:"只要你还在创业,只要你还在这个大的行业里面,我相信大家绕来绕去都会遇到红杉,因为红杉总在那里,而且总是冲在最前面。"

今年几大合并背后都有红杉的影子

连续创业者王兴的创业史几乎和红杉中国的历史同步。2005年12月18日,校内网上线10天后,上午10点左右,还在睡梦中的王兴突然接到一个电话。"我听说你们做了校内网,我们是一个风险投资基金,叫红杉资本。"王兴说:"红杉?没听过。"对方马上补充:"又叫Sequoia Capital。"留学过美国的王兴马上想起来,Sequoia是美国一家顶级的投资公司。

2010年,美团正式上线两三天后,红杉合伙人就给王兴发来短信,接着就有专门的投资人从香港飞到北京与王兴见面。虽然后来红杉中国没有投资校内网,但王兴仍然十分敬佩红杉中国敏锐的眼光和极迅速的决策。

红杉中国是王兴做美团后接触的第一家风投,沈南鹏也让他认识到,什么是顶级的投资人。

让王兴惊讶的不只是红杉中国的速度,还有沈南鹏的态度。在三元桥红杉办公室见面后,沈南鹏没有让王兴说明美团的商业计划或业务数据,他在介绍自己和红杉中国。

"他滔滔不绝地讲为什么美团应该拿红杉的钱,所以那次我才知道这才是真正厉害的投资人"。5年后,在红杉10周年的庆典上,台下坐着周鸿祎、刘强东等红杉中国被投企业CEO,王兴回忆说:"他们在前面可能已经做了很多功课,他对这种模式有非常清晰的看法，甚至比当时的创业者还有更清晰的判断。现在，10年之后，我相信再也不会有创业者接到红杉的电话的时候会说我没有听过红杉，这是绝对不可能的情况了。"

今年，互联网圈几大合并背后都有红杉中国的影子，甚至有的合并双方都得到过红杉中国的投资。

拥有创业成功经历的投资人

直到今天，沈南鹏仍然保持着投行和创业时期的工作节奏。1992年，从耶鲁商学院毕业后，他来到华尔街的投资银行工作。工作主要内容是看着财务报表和公司CEO会谈，给企业设计融资战略、收购或上市方案。

这种工作看上去光鲜，薪酬也非常体面，但沈南鹏却感觉自己一直在企业边缘做事。大量的工作被放在说服企业相信和选择自己上。

投行的业务架构决定了他只能靠几次会谈去了解一家公司。作为一种商业模式，投资银行的主要收入来源是帮企业进行IPO上市或并购，赚取佣金。但至于上市过后长期表现如何，以及企业具体管理的细节，并不是投行最关心的。

"假如我原来从投资银行直接变成了一个投资人。"沈南鹏说，"这样的转换会让人更多地去思考资本市场的套利，驾驭二级市场呈现的低潮和高潮。"（一级市场以发行证券为主，二级市场对已发行的证券进行公开交易）

1999年，沈南鹏从投行辞职，和梁建章等三人一起创业，被称"携程四君子"。当时他们并不清楚做什么好，只知美国有个提供旅游信息和在线订票的Expedia，"中国也应该有一个"。

做携程时，有媒体说沈南鹏之前的投行经历让融资信手拈来。

"哪有那么容易，一些大的投资银行看不上小企业生意。"沈南鹏说，"最漂亮的计划书没有用，关键是把公司的远景解释给将信将疑的投资人。"

在携程创业与他以前的投行的经历截然不同。在投行时，沈南鹏住5星级酒店，与公司高管会晤，现在，他要管理一家几百人的早期公司。他和另一位创始人梁建章有两张图画得最多：组织架构图、业务流程图。携程早期，为了推广品牌、获取用户，他们还派员工到各地机场休息室，发放纸质折扣卡。

亲历创业最终帮他扩展了投行工作者的视野和格局，沈南鹏最为宝贵的发现是，任何一个细节都会影响到企业的生死存亡。"可能人事部的招聘的一些流程安排，也可能员工期权的设定……这些东西作为一个'投资银行家'，你根本不会花时间去注意。"他感到，原来在投行时对企业具体执行的了解是那么肤浅。

创业6年，从携程出来之后，掌舵红杉中国的沈南鹏已从一个拿佣金提成的"经纪人"，变成了亲力亲为的"负责人"。

沈南鹏亲手做出一家10亿美元市值的企业，对他后来理解和服务创业者非常有帮助。他会用自己的经验建议创业者，公司领导框架如何搭建，哪些营销手段有用，平时的工作中，部门间如何合作。他会把组织架构图再画给被投公司的创业者看，比如建议他们CEO、分公司负责人和副总间如何优化内部汇报体系。

沈南鹏也尊重被投企业CEO的领导权。王兴听说不少创业公司的投资人喜欢乱插手、代替CEO做决策，但沈南鹏从来没有这样过。"在企业发展过程中，如果企业需要帮助，那他们来提供；如果企业没提的话，他们不来指手画脚。这还挺重要的"。

沈南鹏将红杉定位于最好的服务者，提到红杉的投后服务被业界同行称道时，他很高兴，说："红杉在投资和投后服务上面有一套我们自己独特的做法，我们不见得在每一个项目上都能投对，但是至少我们这套方法看来是长期有效的。"

这种远超一般投资人为创业者带来的帮助和指导，令红杉合伙人远比同行更为忙碌和勤奋，王兴经常在深夜接到沈南鹏的电话或微信。沈不客套，每次都直奔主题，和王兴讨论业务。

红杉中国对所投创业者提供"超预期"的帮助，既花费了他们大量时间，也令他们格外珍惜自己的选择，有人会介绍一些即将上新三板或者创业板的公司，承诺一年后价钱就能翻多少倍，但红杉合伙人很清楚：他们愿意去把有限的时间交给更能帮助到的企业。

相比外界所说的"狼性"，沈南鹏面对他所选择的创业者体现出的负责与聆听态度令人钦佩，在与创业者交流的一个小时里，他要求红杉的投资人尽可能地不接打电话，不看微信。他也是这么要求自己的。尽管没有事先说明，一个半小时的采访中，沈南鹏没有拿起过手机。等到采访和拍照的空隙，他又马上打开手机，忙碌起来。

很多创业公司抱怨红杉中国没能给他们足够的时间，去讲清楚自己的创业计划，甚至连见一面都来不及。沈南鹏也非常遗憾，红杉合伙人只能做到把每周一的时间留给几位"幸运"的来访创业者。

这些都让红杉中国不同于中国资本市场上喜欢短期逐利、坐庄炒股的基金，不把股票波动当作赚差价的良机。在这个机会多、陷阱也多的新兴市场，在坚守常识的路上，避开噪音比开辟新领域难得多。

10年中，也有投资人反复邀请红杉中国去投矿业、房地产业等行业，但他们抵住了诱惑，在市场很多人赚快钱时，红杉中国将有限的时间投入到自己深入研究有独特见解的行业中。

由点及面，先专注做好一件事，再慢慢上下游延伸形成系统

在携程时，沈南鹏还学会了将业务向旅游业的上下游延伸。

携程团队发现，携程的顾客在订旅馆时找不到干净舒适又价廉的商务酒店，中国经济型酒店太少，而美国经济型酒店有6万家，占到酒店总数的88%。于是，他们又创办了如家快捷连锁酒店，面向中低端商业人士，保证舒适和卫生，但取消了传统酒店中诸如豪华大堂、浴缸等华而不实的设施，定价一般在120~300元之间。

只用了5年时间，如家就成为同类市场第一名。2006年，即携程上市3年后，如家再度登陆纳斯达克。今天，并不享有太多媒体曝光的携程市值近150亿美元，事实上它是"BAT"和京东后的中国第五大互联网公司。

一位基金同行对《人物》记者说，红杉对于项目的参与和行业的判断往往很早，被投企业的协同效应也很强。"沈南鹏在谈判方面非

常有技巧,他给公司很多建议,谈'投资'时都非常有优势。"

以O2O为例,红杉中国投资的不仅仅是美团、大众点评这种连接商家和客户的公司,它们投资了整条O2O产业链,包括采购、物流、数据等公司。这些公司犬牙交错,接连成壁。"你如果非常了解本地服务,这个知识和洞察力本身就是一个宝贵的资产。"沈南鹏说。

所投行业之间的犬牙交错也让沈南鹏通过投资令它们以后形成了一个相互协同的"体系",这种投资策略具有非常强大的递增能力,在互联网行业深耕越久,红杉中国品牌优势越明显。现在,许多基金会跟随红杉中国的投资方向和项目。有的投资项目被红杉中国获得,其他小的投资机构不怒反喜:红杉中国出手证明了自己的眼光,让创业者给自己留几个点跟投就行。

尽管红杉中国取得相当大的影响力与话语权,但在沈南鹏眼中,自己的初心却很简单,那就是坚持价值投资,专注做一件事,就像当年创业携程,其实只是专注做好了一件事:用互联网改造中国的旅游服务业,相信"only sky is the limit"。

凭着优秀的品牌,沈南鹏避免了很多基金合伙人承受的短期业绩压力,红杉中国的期限是所有基金中最长的。

一般基金合伙人需要在较短的规定年限里完成收益率,就不得不从事抄底、赚差价这种短期资本套利。但沈南鹏就可以从容地执行长线战略,他称之为"unfair advantage"(不公平优势)。在美国,红杉已经拥有40多年历史,投过苹果、甲骨文、思科、雅虎、谷歌等世界一流企业。红杉中国美元基金的第一批有限合作人来自美国,这些投资人因为信任红杉的品牌,也相信红杉中国的团队能力。

业内将沈南鹏的投资风格归纳为"快、准、狠","准"是指他在早期能投到领域内的未来领导企业。

2007年后,红杉在TMT中逐个选中了电商、娱乐、O2O和互联网金融这些领域,完成近200次投资。以电商为例,阿里巴巴、京东、唯品会、聚美优品、美丽说、蜜芽、乐蜂网等知名电商,红杉全部参与投资。

采访里,沈南鹏提到最多的一个词就是enduring company(持续成长的公司)。作为一名价值投资者,沈南鹏关注企业的长期价值和持续的成长。

在采访前一天,沈南鹏和同事聊了一家已经投资企业的近况,他们没有几句话就提到这个企业何时上市,怎么资本运作。讨论的内容聚焦在几年后这家企业国际化拓展如何,收入会占到多少比例,它的产品跟竞争对手相比,处在什么样的位置,中国的市场天花板还有多少,产品定价和毛利率是否有压力。

在电话里,王兴对《人物》记者说,尽管红杉是唯一一家从美团A到D轮就一直投资的基金,但沈南鹏从来没有催过他上市或者融资。

让更多人改变观念,渴望投身创业

说起明年期望,沈南鹏仍保持敬畏:他期盼能少犯点错。红杉中国每年都会反思今年犯了哪些错误,这个习惯已经保持了10年。红杉美国合伙人曾将40年的投资经历总结在一页纸上,上面写着39个犯过的错误。

但沈南鹏也足够幸运,红杉和其他所有创投的成功,都离不开中国经济,尤其是新经济和互联网带来的发展红利。

这10年,整个创业投资的生态圈已经建立起来,15年前还没有天使投资人,只有少数基金参与互联网投资。现在,从种子轮到上市,都有相应的资本能支持。过去6个月IPO停止,但好的创业公司仍然能获得融资,持续发展。

比钱更重要的是观念的转变。1999年创立携程时，沈南鹏去邀请旅游业大公司的高管加入。当时还处于互联网泡沫的高峰，还有不少怀疑者，他们甚至反问：互联网能够持续多久啊？

现在，从大公司高管跳槽创业已不会再让人惊讶，挑战、创新、乐趣，取代稳定、光鲜、安逸成为更多年轻人的择业标准。

"今天，中国的主要大城市，我们看到的是跟硅谷一样的一种职业导向，每个人都是在想，我下一步应该参加到一个热爱的创新事业中去。"沈南鹏说。

柳传志

"教父"
只做一件事

柳传志乐于使用自己的影响力,
分享管理经营企业的经验,
分析当前的宏观政策甚至是传授对人生的理解。

没有谁能像柳传志先生一样对中国的企业家造成如此多的影响了。在他参加的3个俱乐部——中国企业家俱乐部、中关村管委会顾问委员会和泰山会中，涵盖了当今中国最知名的企业家，这些互联网商业帝国的领导者或是地产巨鳄的创始人都位于这个国家经济脉搏的中心，他们手中掌握的权力与财富无可匹敌。但他们仍然需要聆听这位69岁老人的教谕，关于进退、荣辱或是妥协。即便拍摄封面，企业家们也都愿意和柳传志站在一起，仿佛他代表了某种稳定而可靠的经验、一种规避风险和对抗波澜的担保。

同时，他也得到了北京政治家的尊敬和某种程度的认同。这让他可以在中关村为政治局委员讲课，或是他作为清华经管学院顾问委员"智囊团"的一员进入中南海传经授道。

他乐于使用自己的影响力，分享管理经营企业的经验，分析当前的宏观政策甚至是传授对人生的理解。2013年，他还参加了一档电视创业栏目，作为评委为青年创业者指点迷津。今年，在伦敦发布的"全球最具影响力50大商业思想家"（Thinkers50）榜单中，柳传志位列第31位。

但他并不期待在所有领域都发挥这种影响力。他讨厌讲空话："我只在自己懂的方面发表意见。"他始终是一个企业家，有自己需要守护的东西："如果我真想无所顾忌地站出来说话，我就去做一个学者，再有勇气的话我就走仕途了。"

这让他的"在商言商""企业家不谈政治"的言论显得合理但刺耳，与几年前相比，人们越来越期待企业家能够担负更多社会责任，这样的言论难免令人们失望。即便是在中国企业家俱乐部内部也存在不同的声音。

但对于柳传志来说，这与其说是一种承诺与宣言，不如说是一种家长式温和的告诫，作为中国企业家的领袖和掌舵者，他清楚地知道自己的任务不是开辟新航道，而是保证船只不倾覆。

柳传志现在已将目光投向新的目标：革新中国的农业。在这传统的、充满风险的领域，他展示了自己的雄心，在距离中国两万公里的智利建立了农场。他珍爱自己的名誉，却大胆地把出产的猕猴桃用自己名字命名——"褚橙柳桃"是2013年营销最成功的一款农业产品。

在十多年前，媒体就猜测现年69岁的柳传志何时会退休。经过若干次的卸任和复出，他还是联想的灵魂人物。有人说，即便有一天柳传志无法工作了，他的灵魂仍会管理这家公司——前一个被如此评论的商业领袖是AIG帝国的构建者格林伯格。联想内部则专门建立了"柳传志保健小组"，除了制定健康养生的起居、饮食计划之外，还给柳传志订下了每天体育锻炼两小时的要求。现在，他每天都和老伴一起打高尔夫球。

谈褚时健

联想2013年农业项目开始发力,你刚从智利考察农场回来,为什么要在那里建农场?

柳传志: 智利在南半球,我们种植的水果正好跟它是反季节的。这样的话我们就可以一年四季都有高端水果。同时我们了解到,这是一个符合高品质安全的水果的地方,而且我们自己能生产,于是我就选了这个地方。

本来生活网的朋友告诉我,他们一直在争取"褚橙柳桃"这么一个说法,但佳沃(联想控股现代农业公司)的人一直不同意,直到产品发布前两天你知悉后拍板同意才促成这一成功营销,有的人避讳自己的名字跟褚时健联系在一起,你却说和褚老的名字连在一起是一种荣幸。

柳传志: 确实是这样的。当年全国有一个品牌价值榜的公布,红塔山香烟好几年都是排名第一位。我对他特别敬佩的是,在还没得第一的前几年,我和褚时健先生有过一次接触,那时候知道他早年间在一个负债累累的烟厂工作,他还到底下看烟叶。因为他比我大十几岁,已经让我非常敬佩了。

那是20世纪90年代的事？

柳传志：20世纪90年代。后来到了2000年前后的时候，我记得红塔山连税加上利润有200多亿，这也让我挺吃惊的，因为当时联想的营业额也就200亿左右。当然烟酒特卖，不是所有的人都能够进入的领域，但是他从一个负债累累的烟厂能做到这样的成绩也是非常了不起的事情。所以我对他的这种敬业精神和能力还是很佩服的。

我后来知道褚时健先生出事了也很感叹，当然我们认为不管怎么样，我记得是张维迎打过一个比方，说好比是一个寺庙里的和尚给佛爷上香的油，因为菜里的油不够，挖了一勺香油做菜吃了。不管怎么样，他动了不该动的东西，这个应该受到批评甚至处罚。

但是他在企业界应该是一个下金蛋的母鸡，这样的企业家其实是很难能可贵的，我当时在很公开的场合讲，我觉得上面也有值得反省的地方，怎么样能够产生更多的下金蛋的鸡，另外怎么去爱护这些鸡。同时我也感到很幸运，我们这个企业走上了一个股份制企业的道路，另外也感觉我自己的老板是多么开明。

后来我知道褚先生家里的情况确实很令人遗憾和痛心，真是没想到他到了这么大的年龄又出来创业，然后又从头做起，认真去研究水果，把它真正做好，这让我非常敬佩。

我还专门去云南看过他一次，他不像我，他真正钻研这行东西，他让我们的团队学了很多的东西。他真的成了一个农业的专家，他本来也是一个农业专家。到那里怎么样改善土壤？怎么样让水和肥起更大的作用？这方面都有很深刻的研究。我更敬佩的还是他的那种精神，就是到了那个年龄还能够有一种向上的精神，这点真的是让人很感动。

所以我根本没有犹豫过说我的名字愿不愿意跟褚先生挂在一起，有点犹豫的话只是我们的东西千万可别做得不好。当然这个我想也不会发生，因为我们这个团队是一个我很信任的团队。

你那次去云南跟褚老聊，除了农业方面的事情，还会跟他聊什么？

柳传志：其实我们聊的面挺窄，因为别的话题，我觉得褚先生也比较敏感，我们主要是农业、身体和健康方面的这些事。其他比如像刚才说下金蛋的鸡之类的事不会在那种情况下聊。但是那天我去的时候当地的官员来看望褚先生，他们对他非常尊敬。他确实给云南当时的财政收入做了巨大的贡献。虽然有的人不做企业，不管财政，但是他也应该感觉到像褚时健先生这种人是值得我们所有人尊重的。

谈联想农业

褚时健选择农业，是他东山再起的一条路径。那么联想最早起家的时候是一个高科技的企业，是一个IT企业，突然联想一下子要做农业，为什么？

柳传志：我前面也是做了铺垫，不是一把就走到这儿了。第一个铺垫是2000年的时候联想分拆完了之后，我已经决心做多元化，就是非相关多元化，跳过IT行业进到别的领域。其实从2000年以后，我几乎没有在IT行业的会议或者论坛中发表过任何演讲，我希望联想的年轻同事能够在那里有更多更积极的发言。

为什么要做多元化？一方面我觉得做企业将近20年的时间，积累了一些企业管理普遍性的经验；另一方面我认为做一个高科技领域确实风险还是很大的，这种风险本身有时候自己是控制不了的，新材料新技术的产生会来得非常突然。我在原来高科技基础上做一个母公司，让它能够有更丰厚的财务回报的一个基础，然后在高科技本身的发展即使遇到风险的时候，我也不会拉它的后腿，妨碍它创新，当真遇到什么问题的时候公司也不会被整个颠覆。

这件事情实际上在后来得到了验证，你说2005年我们并购IBM PC（业务）的时候，纯从股东董事会的角度考虑，他们确实是很担心的。因为并购的风险远远大于成功的概率，但是当时我们如果不去参与并购，今天的联想成什么样？它一定是一个非常平庸的企业，甚至能不能存活都不一定，肯定边缘化。今天的联想能够有340亿至350亿美元的营业额，能排在前五百强中间的位置，确实是并购成功的成果，但那是冒很大的风险的。

我们以后遇到这种事怎么办呢？我们是不是一定能够成功呢？我们确实不一定所有的事都有把握，如果母公司联想控股有了一个肯坚持的业务或者其他业务的基础，这时候就可以放心地让高科技领域的负责人去闯了，这就是我在2000年的时候下决心进入到其他领域的原因。

当时我们选择的领域就是风险投资领域，后来扩展到PE，然后我们选择房地产，这些年积攒了一些资金，有了一定的本钱，在2008年的时候我们希望除了做投资以外，能够进入到其他的行业领域，并且我们能够成为这个领域里面的领先企业。我们在讨论这个战略的时候，联想控股全体一致认为农业是个好行业，大家都认可，而且要做就决心做好。

你选择农业是基于一个投资回报率的考虑还是联想的一种情怀？

柳传志： 两种都有。我们首先认为投资回报我们认为是可以的，真正完全赔本的生意，完全是为做公益，那么做我们也做不动，我们毕竟是个企业。我们坚信我们要做的，无非就是中国人确实需要的东西，大家都感到食品并不很安全。从未来来看，中国也会产生越来越多的中产阶级的人群，橄榄形的人群的群体会逐渐增多。

另外我也受一些刺激。有一次在国外，跟外国人谈到这个话题，那时候我在宣传中国民营企业家。他说听说中国食品出了些问题，这不也是中国的民营企业家做的吗？大概意思就是中国人做的东西卖给中国人吃怎么还这么做呢？我只能说这只是一个历史发展的必然阶段，将来会好的。你只能跟人这么说，你还能狡辩什么？只是我觉得心中不是很舒服，我觉得我们自己要做就好好做个样子，不仅是将来卖我们的农产品，也是卖我们企业的信誉，告诉大家如果好好做，很多地方是可以把红海变成蓝海的。

刚才你谈到10年前决定要联想多元化，能否这样理解，IT企业是一个高速发展并且充满着变化的行业，国际上也是，从微软到苹果到后来的谷歌、推特、Facebook，它一直在变，不断地有更年轻的更有活力更酷的企业出现。这是不是你做出的战略选择，我们不去拼命保证联想始终在这样一个潮流领先的地位，让这个企业更有活力更酷，而是去夯实这个基础，保证这个企业不落后。我觉得这是两种战略两种选择。

柳传志： 是。今天联想控股所选择的道路，是因为人们正常的生活，必须是有真正的实物，而不是网上画的卡通实物，要有真正的服务等等。互联网进入人的生活是以这些实业的消费、实际的消费和实际的服务作为基础的,只不过把它更好地融合在一起。

比如说像小米手机,它的营销方式通过互联网以后,变成一种社交型的营销方式,这都是过去人们没有想象过的。但是到最后的时候你还是要把你本身的业务做好,那还是很重要的。

谈在商言商

有一部电影叫《中国合伙人》,很多人看到最后给你给其他企业家致敬的时候,自发地鼓掌,这是我之前从来没有遇到过的。我的理解是大家对中国企业家这个阶层有所期待。

柳传志:是。

电影《中国合伙人》官方海报

但在这个时候你又告诉企业家们要在商言商,不能去过多地讲政治,现在你会不会改变这样一个观念呢?

柳传志: 其实在商言商本身这个词看怎么理解。在商言商并不等于不关心国家的事情,也不等于不讨论这方面的问题,只是看多大的范围。我作为一个商人,实际上我对政治或者是其他社会方面的科学理解得是不透彻的,我只是站在我自己的角度上去理解。在这种情况下,我又在周围的人群里有一定的影响力,我觉得我还是谨慎为好,尤其在那个敏感时期,我觉得最好的做法还是把自个儿的事情做好。

比如农业,我大声地呼吁做农业产品的各个公司应该讲诚信,我们都是中国人。但你说这话还不如你自己好好做个样子,这就是我对这个事情的理解。我只要是到商学院讲话,一定不讲那些我不懂的事,一定是我自己做过的事,或是我朋友我亲眼见过他做过的事情来作为内容。所以这里面有的事情我确实不懂,我觉得对我们来说,可能用行为用事实来说话比自己讲的话可能更有力。

威权主义是什么?

柳传志: 这东西都值得考虑,我们心中也有一个定义,这两个定义是不是能碰到一起,和在什么时候碰到一起,要让时间和空间来说话。

也许我们今天才经过了几十年,在人类历史长河中,这几十年算多短的一个时间啊,也许过很多年以后它会逐渐结合到一起。但毕竟我们一生只能过这个里面很短很短的一部分,这部分首先要解决的问题是让中国过去很穷的人能过上比较富裕的日子,让大家能够畅所欲言等等,这是说得我们自己心目中理想的东西。现在的中国人不要说生活,想法上也是五花八门,信念上也是五花八门。我们到底怎么样能逐渐集中起来,能够形成一炷香,还有多少年?这个东西真的不好说。

所谓凝聚改革共识现在还没有达到吗?

柳传志:对,我也不想研究那些更深的理论。我不是不想研究,我可以跟一些朋友说说话,聊聊天,听人家的想法,那就等于长我的见识,但是我并不想拿去影响什么人。我真想去影响人的,觉得有能力影响人的,就是我把我的企业做好,做成一个诚信的企业,受人尊重,值得信赖,这总可以吧。我只想做这件事。

陈欧

高富帅的脸，
不断奋进的心

"一个普通的团队，真正完完全全是靠自己才华、能力成功的，虽然资源各方面缺得很厉害，但我们打赢了，我觉得这样赢才赢得漂亮。"陈欧说。

美国上市

聚美优品在美国上市

陈欧先生去美国上市前,他原本打算在香港买身好行头,阿玛尼、迪奥、杰尼亚逛了一圈,他嫌太奢侈,最后买了ZARA。

纽约时间2014年5月16日上午的敲钟仪式,这位聚美优品创始人兼CEO和他的伙伴们敲足了15秒钟才肯下来。聚美优品开盘价涨幅超过20%,陈欧的身家随之飙升至16亿美元。

当晚,他们参加了投资人的party(聚会),简短、平静地庆祝了成功，甚至没人喝醉。他们没像同时期上市的其他团队，去拉斯维加斯狂欢，而是隔天就走。副总裁刘惠璞在经济舱末排的空位上度过了归程。他起先打听了下头等舱的价格，一听是经济舱6倍，作罢。"我们说那还不如多带几个人去上市！"刘惠璞说。

老板陈欧并不介意这些"行径"被下属们欢乐地谈论并广泛传播。面对《人物》记者，他举了更多例子：他的午饭叫农家小炒肉或麻婆豆腐的外卖；他没有摇号资格，熟练使用滴滴打车；他在公司附近租房住；几天前他刚刚拿到北京居住证。

穿着简单款黑衬衫、牛仔裤，坐在白色皮沙发上的陈欧，头发一丝不乱地挺立着，像《灌篮高手》里的仙道彰。他爱说大话，接受《人物》采访的3个小时里14次提到"创造历史"。他也确实为人无所不能：31岁成为纽交所222年历史上最年轻的上市公司CEO。

2012年前，他以"为自己代言"的方式高调出道，创办化妆品限时特卖网站聚美优品。年轻俊美的外形和实干家的气势让他迅速积攒了人气。喜欢他的年轻女性用户亲昵地称他"欧巴"，是励志典型；讨厌他的也不在少数，他们骂他小白脸。是拼爹的官二代。

无论如何，在中国电商行业，"仅融资1300万美元"，"赢利，且连续8个季度赢利"的上市公司，有且只有聚美优品。

西红柿炒鸡蛋对陈欧初次创业的启示如今仍为他津津乐道。他靠着这道既有营养又超级便宜的家常菜硬撑过了那段孤独地写代码的日子。在陈欧心目中，它是"控制成本"的最佳范例。"钱太多人会变傻"的启示同样来源于此。"当你有过花很少钱把事做成的经历的时候，你才会相信自己不需要太多钱也能做事。"

陈欧以身作则，把精确花每一分钱的作风在公司自上而下地贯彻了下来。他在接受《人物》采访的末尾，半开玩笑地说，虽然他也有头脑一热的时候，但是"只要超过一万块钱，我还是会想一下的"。

作为公司编号002的高管，联合创始人、副总裁戴雨森至今没有办公室，只在大开间拥有一个工位，他没觉得有什么不对。副总裁刘惠璞加入聚美那一天，行政人员当着他的面挪开了一堆箱子，告诉他那就是他的座位。他心里"无限落寞"，心想"好穷的公司啊！"后来因为对外工作颇多，他才拥有了一间小小的独立办公室。

戴雨森去年跟陈欧一起去成都出差，俩人同住"如家"一个没有窗户的标准间。考虑化妆品是时尚产品，他说："现在说公司为了公众形象，禁止陈欧住太差的房间。"

"头等舱比经济舱飞得更快吗？""闭上眼睛，谁记得是五星级还是四星级。"在聚美，这类观点几乎就是真理。只有对一起打拼的下属许诺的股份，他不打折扣地兑现，"我不玩花样，很实在的"。

陈欧期待日后人们这样理解聚美优品的故事："一个普通的团队，真正完完全全是靠自己才华、能力成功的，虽然各方面资源缺得很厉害，但我们打赢了，我觉得这样赢才赢得漂亮。"

草木皆兵

陈欧的办公室位于北京东二环中汇广场25层，里面摆了一方嵌在墙里的长方形大鱼缸,两只面露凶色的小鲨鱼不知疲倦地来回游动。陈欧借此提醒自己,江湖险恶,危机四伏。

"我们每天都担心公司明天会死掉。"他引用比尔·盖茨"微软离破产只有18个月"的名言,来告诫公司上下危机随时可能降临。

他长期置自己于紧张的作战状态中。上市后第二天,他在给员工的内部信中写道:把聚美从手机股票软件中删掉,不要计算自己的身家。

刘惠璞告诉《人物》记者:"基本上聚美每年开会的主题就是,聚美要死了!我从加入聚美第一天,陈欧口中说,聚美再不干就完了!聚美要死了!然后聚美一天天强大了起来。"

戴雨森说跟陈欧一起工作很难得到赞美,他对陈欧开会时机关枪式的排比句印象深刻:"你有问题,你有问题,你们全都有问题,我们还有太多问题要解决,加油啊。"

"博尔特跑出一个成绩来,9秒,把百米纪录提高了几秒的时候,世界上赞誉,这是人类能跑出的最快的速度,你知道陈欧会说什么吗?"刘惠璞接着说,"陈欧会说,他这样的话,我觉得8秒也是有可能的!"

陈欧对危机的敏感度极高,最夸张的时候草木皆兵。"明明跟他没关系的一件事情,比如说今天一个企业被另外一家企业颠覆了,陈欧就会愁容满面地跑回公司来,拍着桌子讲,我们要被颠覆了!我说谁颠覆?他说不知道!总之,我不改变就会被别人颠覆,差一点就被颠覆了!"刘惠璞说。

一般人眼中很微小的事情,也会让陈欧神经紧张。最基层的员工离职,他也要刨根究底问为什么。"他认为这件事情发生一定是有理由的,那这个理由到底是什么?如果他想开了他就觉得没事,如果他没想开就觉得不行。"刘惠璞说,他觉得陈欧就像一只守在网络中心的蜘蛛,网上任何一处有动静,他就"哒哒哒"爬上去,看一看是食物投网还是危机降临。

时刻处在焦虑之中,不难免脾气失控。他传递给员工的信息有时是严重警告式的,比如,"你会把公司害死的!"陈欧曾面对"极少数不靠谱、对自己不够狠的人",砸坏一块欧米茄手表、iPhone3、iPhone4、iPhone5,手机一路砸坏而升级。"公司一个大厦,随时可能因为一根柱子会塌的话,这种不安全感会让人发疯的。"他说。

"电商业洗牌太快了,很多我们的前辈今天已经输得一文不值了,天天看到你的竞争对手倒下的时候,你内心是非常恐惧的,兔死狐悲。"刘惠璞说。

陈欧的母校——美国的斯坦福大学

把自己抛出去

聚美优品是陈欧第二次创业。2009年，他从斯坦福毕业3天就回国，拿到徐小平18万美元的天使投资，经过两次转型后开始卖化妆品，4年间迅速崛起为行业第一。

火箭般蹿升的速度得益于陈欧首创的"限时特卖"模式。这种每天以折扣价售卖一款"爆款"化妆品的方式，迅速吸引了大批对价格敏感的女性用户。

刘惠璞见证了聚美优品高速狂奔的阶段。和陈欧在职场节目《非你莫属》第二次碰面，陈欧就邀请他加入自己的公司。"我当时心里头'扑哧'就笑了。什么公司都敢出来挖人。"刘惠璞时任即将上市的相亲网站世纪佳缘副总裁，而聚美优品只是一家五六十人的小公司。他经常问陈欧业绩如何，第一次答案是日收入几十万。3个月内，陈欧口中的数字就变成了100万。"把我给吓坏了，因为世纪佳缘上市之前我们经过7年的努力才把日收入提到100万左右……特别惊慌你知道吗？作为一个传统互联网人，看到一个更牛的商业模式崛起了。"

目前在化妆品电商行业排名仅次于聚美优品的天天网CEO鞠传国感叹，在2011年，天天网的销售额还是聚美的2倍，"他们的报表是2000多万美元，我们大概在4000多万美元"。之后，天天网在传统B2C和限时特卖之间摇摆不定，错过了最佳成长时期，聚美优品后来居上。"2013年转成特卖以后，流量不变的情况下，（天天网）销售额翻了三四倍。"鞠传国说。

商业模式容易模仿，但把有限资源发挥到极致的做法，不是谁都做得来。58同城CEO姚劲波评论陈欧："他是一个比较擅长运用巧力的人。"他认为营销是陈欧把巧力使得最好的地方。陈欧营销的制胜点在于，把自己抛了出去。

投资人徐小平建议外形亮眼的陈欧，仿效互联网第一代创业者张朝阳自我营销。于是陈欧密集现身于《非你莫属》《快乐女声》等热门娱乐电视节目，聚光灯和讥讽一道袭来。为什么被骂也要上？"我也很清楚一个收视率二点几的节目不能放过，因为是免费的"，"在所有我出现的时间，我面对的都是消费者，我也知道消费者能看到我"。

陈欧担任职场节目《非你莫属》的BOSS团嘉宾让聚美优品的知名度急剧攀升。鞠传国对《人物》说起，当时节目组率先邀请的是他，考虑到"不爱忽悠"，他拒绝了。这个在化妆品销售领域深耕15年的山东人生性低调，早年因怕别人指摘自己过于年轻，把名片上的总裁职位故意印成副总裁。几个月后，陈欧取代他坐在了BOSS团的席位上。鞠传国监测话题性很强的几期节目，发现聚美优品的百度指数升了四五倍。他有点懊恼，说陈欧"他没花钱做百万的效果"。

陈欧算过，他和最初作为世纪佳缘副总裁上节目的刘惠璞是这档节目回报率最高的嘉宾。"从百度指数上，我一次节目可以拉动两三千，他一次可以拉动两千左右"。而其他嘉宾对应的数字一般是几百。每次节目播出后，聚美优品产品销量都能上一个台阶。

姚劲波同样参与了这档节目，他发现每次录完节目陈欧总在谈论这次哪个求职者会火。"他比较敏感，他比较知道什么会火，什么不会火，然后他参与到一个热点里面去"。

戴雨森回忆，每次上节目前陈欧总说自己睡不好，"因为他都会想，明天可能遇到什么样的问题，我怎么说。"节目播出后，他又会复盘讨论。"他会想好，你看我这句话说得不太到位，我下次应该这么说，他不断地去反思。"戴雨森说，这种讨论细致到发型、衣服是否显得足够精神。

刘惠璞觉得陈欧是带着明确的营销观念来上节目。"陈欧实际一直很紧张。这种紧张表现在他对一个营销点的判断，我说什么话不会影响公司的声誉，我说什么话会增加用户对于聚美优品的好感，他是站在这个角度去考虑的，我很少考虑这个东西。"

加入聚美优品前，刘惠璞代表世纪佳缘参加这档节目，觉得上电视是个轻松随意的活儿。当他代表聚美优品录制，发现很难得到乐趣。"陈欧上电视是计算ROI（注：投资回报率）的。"他说，"他这么考核我的话，我也不喜欢上电视。"

上了发条的永动机

陈欧自认为是一个对自己非常狠的人："我有一些像清教徒一样的要求，有点变态，有点自虐。"

创业之初两年，他不拿一分钱工资，聚美赢利后每月给自己发5000块。投资人多次说要给他加工资，直到上市后他才答应。"其实我算得清楚，这是一个筹码。"他以此向投资人和团队表态，自己的名誉成败和聚美优品的未来牢牢绑定。

陈欧希望作为真正的领袖而非大股东领导团队。"大股东在这里凭什么去指挥每个人为你奋斗呢?"

"很多互联网公司倒下,高管全发了,你听懂了吗?你知道有一天如果聚美出了什么问题,我们所有高管都得上街要饭去。"刘惠璞说。

"陈欧,有一张高富帅的脸,一颗不断奋进的心。"导演管晓杰说。他曾经执导职场宫斗微剧《女人公敌》,该片是陈欧为带动聚美优品自有品牌传播而投拍的,全网超过5亿次点击观看。

"陈欧永远都有十万个为什么。"刘惠璞说。凌晨录完节目,BOSS团嘉宾相约一起聚餐。在旁人东拉西扯的氛围里,陈欧专注地向刘惠璞请教公司管理的问题,两个人谈了半天"262原则":一个自然团队会形成2个优秀的人、6个一般的人和2个垫底的人。"他给我一种特别好学的感觉,问的每个问题都问在点上"。刘惠璞发现今天陈欧还那样,一点没变。"你是另外一家电商来的,他就会几乎趴在桌子上问你,你们怎么做的?"

2013年,聚美优品拥有1050万活跃用户,回购率高达88.9%,这个数据背后是情感共鸣的波长,很大程度上要归功于发布于2011年和2012年的两版"我为自己代言"广告。2012年的"陈欧体"的广告写道:"你只闻到我的香水,却没看到我的汗水……哪怕遍体鳞伤,我也要活得漂亮!我是陈欧,我为自己代言!"

"陈欧做一个广告的过程就是折磨死广告商的一个过程。"刘惠璞说,"一个广告不好,不出效果,陈欧一整天都闷闷不乐,他恨不得把广告立即扯下来,掰开了,第二天就重新播一版新的广告。"

柚子舍CEO凌远强评价:"对互联网的营销及执行能力,陈欧他们是排第一的。"陈欧在营销上的反应之快让他惊讶。他们曾在同一个平台投放广告，发现问题，他会在两三周后撤下修改。而陈欧的速度则按天算。有一次，陈欧3天就果断停下了某楼宇视频媒体上的投放业务。

"我总觉得我作为CEO，这支广告投失败的话，多丢人。投资人不会说什么，我在团队面前威望都没有"。每一则广告陈欧都亲自盯，坐在剪辑师身后，"无数次改词，无数次改音乐"，把它们熬了出来。"别人都没法想象说，你一个老板会干这件事情。"戴雨森说。

陈欧投广告的逻辑是，假设所有媒体投放都是无效的，然后用观测到的流量、指数和订单数字来证明。如果证明不了，他才考虑投。他相信数字，不相信"品牌形象有所提升"这种看不见摸不着的说法。"如果没法衡量，没法感知到，它就不存在。"戴雨森说。

58同城CEO姚劲波对《人物》说，每一次聚美优品出新广告前，陈欧都会带着片子跑到他办公室，拉着他看，问他意见。"陈欧每次不管是出去玩还是工作，任何时候他都在谈他的事情"。

一个周六晚上，公司高管聚会，大家商定饭桌上谁先开口聊工作谁就买单。最后陈欧买了单。

陈欧精力旺盛，工作起来像一台不知疲倦的永动机。刘惠璞和陈欧一起受邀出国玩，俩人住一间房，前一天玩到凌晨5点，但陈欧7点就爬起来"啪啪"敲键盘。看刘惠璞还在睡觉，他就把声音搞得很大，打字、叹气。等对方终于熬不住坐起来，他就兴冲冲地说："河马（刘惠璞外号）你终于起来了，我跟你说，我有个想法！"

上市路演的一天，他在跨国航班上没完没了地向投行的人介绍聚美优品的商业模式，直到把要倒时差的对方讲到崩溃，他沉默半响建议:"你还是睡会儿吧。"

"陈欧的人生里没有别的东西。"刘惠璞说,"他跑到美国去给我发短信,你看美国的丝芙兰是怎么做的。他跑到欧洲去,欧洲的丝芙兰怎么做的。就这样的一个人。然后他去香港去吃碗拉面说,啊,你看拉面的用户体验怎么做的。"

停下来会让陈欧感到茫然。他说起一个让他无所适从的周五晚上。下班后坐上车,他发现自己既不知道去哪儿,也不知道要吃什么、玩什么。那一瞬间他不太开心,"当我没有一个东西挑战征服的时候,我就找不到动力了"。

最强势的反对者

5月19日,陈欧发了条语气温和的微博首次公开谈论父亲,之前他靠拼爹才成功的说法流传甚广。他写道:"至于那上网都不会的父亲,没有他的严苛,也没有我坚韧的个性。这,就是他给我最大的财富,我,一直在阳光下。"

发完他才想起跟公关总监打个招呼,说:"我发了,忍无可忍。""黑我家里的人特别多,关键是会伤害家里的人,黑我爹也黑错了,把别人当成我爹了。人家又是我爹的朋友,我也对不起别人。"他说。

陈欧的创业初衷是"他想证明自己不用靠家里也能成功",因此"靠父亲"的议论对他是侮辱性的。

陈欧是四川德阳人，父亲是当地副局级的官员。小时候，陈欧的家教极为严苛。为了防止陈欧玩游戏，父亲将电脑放到父母的房间，"我打游戏他打我"。外出回来，父亲会探探被窝是热是冷，再摸着他的脉搏问话，测试他有没有说谎。

这种管教有时甚至让他觉得"不近人情"：一个大孩子威吓他从家里拿包烟，他实话告诉父亲，又讨了一顿打。"你交代的事，他不相信你，说你招惹事"。一次他在朝阳湖公园玩被猴子咬了，父亲因为他哭而揍了他一顿。"我哭他就打得更惨，他说男儿有泪不轻弹，一边打一边教。他一边揍我，还不允许我有反应，你知道吗？"陈欧笑着回忆。

父亲的严苛帮助陈欧建立了不停自我证明的性格模式。一方面，得到认可非常困难。另一方面，数学奥赛全国一等奖，小升初考第一，跳级，留学这类事情他却备受父亲肯定。"这个极强的一种反差，会让你觉得更想往前去走，冲到前面去"。

高二时，陈欧以全奖得主的身份，前往新加坡南洋理工学院攻读计算机专业。陈欧希望借此"自己能完完全全脱离父母"，"没人逮你了。爽，我觉得很爽"。此前陈欧努力达到父亲规定的目标，在此之后，他有了他自己的。

大四那年，陈欧创办GG全球在线游戏对战平台（后更名为Garena）。父母不仅不支持他创业，反而在很长的时间内都是他最强势的反对者。三线城市的人把创业者看作找不到工作的个体户，"创业和街上卖茶叶蛋的没什么区别"。父亲被熟人揶揄，你儿子搞小发明搞出来没？父亲强势要求他继续读书，期待他读到博士，父亲几乎押着他去申请了斯坦福MBA。"他们想证明他们儿子没那么烂"。

创业的那两年，陈欧不敢回家，怕被骂。父子冲突最激烈的时候，父亲甚至撂下"断绝父子关系"的狠话阻止他继续创业。

直到陈欧卖掉初次创业的公司，拿到千万级别的现金，父亲才明白"这个事好像没浪费时间"。虽然陈欧没有跟随他设定的目标，但却实现了他自己的、也许"更高级"的目标，从此父亲不再反对他创业。

在这场典型的中国家庭父子战争中，陈欧艰难地证明了自己，想起那些不被祝福的创业日子，他说："创业很痛苦的，我很少会想这个痛。"

如今父亲对儿子的要求只剩下一条：注意身体。

英雄主义

在聚美优品上市这件事上，陈欧更爱强调他们赢得不一样。"这事情按道理讲是不应该发生在一个融资这么少的年轻团队上面。"陈欧自我表扬，"简直是奇葩中的奇葩。"

刘惠璞曾问陈欧，把自己搞这么累，到底是为了名还是利。陈欧正色以待，说："为了荣誉。""因为他遭受了很多非议，他就希望他能成为这个电商江湖圈里面人人敬重的一个人"。

"《三百勇士》看过吗？"陈欧向《人物》记者展示办公桌上的列奥尼达手持圆盾和长矛的铜雕。这位斯巴达城国王曾率300精兵，与20000多波斯大军同归于尽。"以少胜多才能当英雄。聚美优品真的是以少胜多的公司……因为我们面临的对手，一直是比自己强的对手。电商是烧资本的一个行业，不是靠创意，但我们现在硬生生把它变成了靠创意和执行去取胜的公司"。

大学时的陈欧是《魔兽争霸》高手，最好的成绩是四川前三。在这款拥有4个种族的即时战略游戏中，他选择不死族作为游戏角色。他举例说，人族的成功路径是圈地、开矿，用钱把对手砸死。这个路数对他毫无吸引力。他偏爱资源匮乏的"屌丝"不死族，依靠策略和操作，在最后一秒力挽狂澜将对手秒杀取胜。"这个赢不是靠钱就能赢的，全都是英雄主义"。

陈欧内心强大。创业最艰难的时候，他曾对着一碗两块钱的鱼片米粉说服自己坚持下去。"我就看着米粉，我会说我会努力加油，我会成功的"。

刘惠璞感叹，陈欧也有消沉的时刻，但是他像弹簧一样，稍微一压，弹得更高。在公司最灰暗的时刻，陈欧曾对他说："我觉得的确我们太年轻了，我们没有办法驾驭这家公司，可能我们都到了能力的瓶颈，应该把公司卖掉。"第二天，睡了一觉起来，"陈欧说，我觉得我们公司是一个50亿美元的公司！"

"我发现现在我赢1000块钱我一点快乐都没有，但是输1000块钱我仍然很不爽。"陈欧说。他不享受豁出去一把ALL IN（牌类游戏术语，意为全押）的快感，"我要把命运掌握在自己手里"。

刘惠璞想起有一回跟陈欧打牌。打的是"双升"，没来真的，发了一堆假的筹码。陈欧很快输得只剩一个子儿，但他却来劲了，开始算牌、找规律。再后来，所有人看着陈欧咬着牙把筹码一个一个赢了回来。

看 见

倾 听

触 摸